世上没有好养的孩子

6岁前，父母必须做出的48个教养抉择

高子健◎著

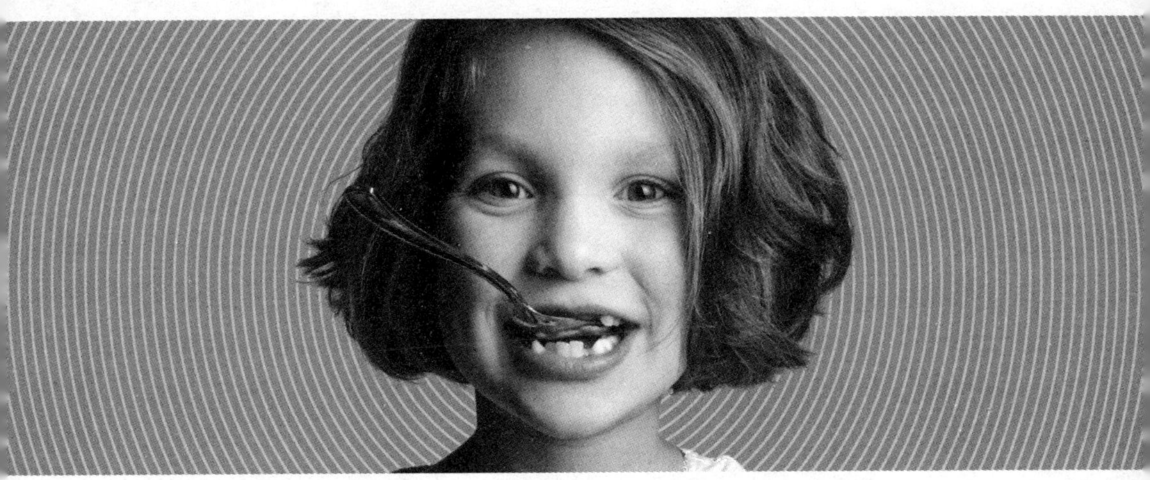

爱立方专家顾问团（排名不分先后）

黄绎霖 教育心理学专家，儿童文学作家，婴幼儿早期教育研究顶尖专家

吕利萍 朝阳医院妇产科主治医师，妇幼保健中心首席专家

王　涛 哈佛大学心理学硕士，教育学博士，美国儿童发展研究协会会员，金宝贝首席专家

叶　舟 心理学博士，心理解脱师，北京大学、清华大学特聘教授

北京理工大学出版社
BEIJING INSTITUTE OF TECHNOLOGY PRESS

图书在版编目（CIP）数据

世上没有好养的孩子：6岁前，父母必须做出的48个教养抉择 / 高子健著. —北京：北京理工大学出版社，2012.9 （2013.12重印）

ISBN 978-7-5640-6185-2

Ⅰ. ①世… Ⅱ. ①高… Ⅲ. ①儿童教育-家庭教育 Ⅳ. ①G78

中国版本图书馆CIP数据核字（2012）第141457号

出版发行 / 北京理工大学出版社
社　　址 / 北京市海淀区中关村南大街5号
邮　　编 / 100081
电　　话 / (010)68914775(办公室) 68944990(批销中心) 68911084(读者服务部)
网　　址 / http://www.bitpress.com.cn
经　　销 / 全国各地新华书店
印　　刷 / 三河市九洲财鑫印刷有限公司
开　　本 / 700毫米×1000毫米　1/16
印　　张 / 15
字　　数 / 260千字
版　　次 / 2012年9月第1版　2013年12月第2次印刷　　责任校对 / 杨　露
定　　价 / 28.00元　　责任印制 / 边心超

图书出现印装质量问题，本社负责调换

目　录
CONTENTS

PART/ 01

教育内容上，怎样兼顾成绩与兴趣

要不要上早教班
——早教必须在早教班里才能实现吗

【纠结案例】

我家丽丽已经一岁零四个月了。周围很多朋友的孩子都在上早教班，有几个月就开始上的，也有一岁多开始上的。关于早教班，我一直在犹豫。一方面，我觉得我这个全职妈妈具备一些育儿知识，完全可以教好女儿。而且，出生在这个年代的小孩虽然幸福，但同时也必须很早就承受社会和生活的压力，我不想剥夺孩子难能可贵的童年；但是，周围的朋友都说早教机构能教会孩子不少东西，假如不去，就会让孩子输在起跑线上。我不想我的孩子比别的孩子差。

到底要不要送孩子上早教班呢？有经验的家长指点一下。

家长帮话纠结

【早教机构更专业】 来自：沙子..？ 1楼

我家宝宝一岁零五个月，非常调皮，没有一个小朋友能跟他待在一起超过半个小时。爷爷奶奶跟我说，越调皮的孩子越聪明，那些不调皮的孩子你才应该担心呢。前几天，我去小区附近的早教机构试听了一节课，课后又跟老师聊了一个多钟头，才知道我家宝宝之所以这么好动，是因为感统失调。如果这个问题在 12 岁之前得不到纠正，就会影响孩子今后的学习。

因此，建议楼主让孩子上早教班，毕竟我们的育儿知识有限。比如，孩子每次洗澡就哭闹不止，或从来不肯参加各种活动，很可能就是“感统失调”的表现，但我们却认为孩子“调皮”“胆小”，因而不能对孩子进行专业的感统训练，导致孩子“落于人后”。

早教其实包含了很多东西，只有通过早教机构的专业训练，孩子才能像其他人一样学习和生活。楼主，别再犹豫了，早点儿让孩子接受专业的教育吧！

【早教会让孩子变得更积极主动】 来自：可爱小丑鱼 2 楼

很赞成楼上的说法。

我家宝宝一直比较胆小、羞涩，第一次到早教班上课时不肯与小朋友互动。但随着早教老师活泼而耐心地指导，她发生了不小的变化，现在已会主动与人打招呼、说再见了；在外边遇到陌生的小朋友，还会自报家门，并问对方叫什么名字；和小伙伴儿玩的时候，她更是积极参与其中，有时还有点儿领导“范儿”。早教改变性格，早送早改变，楼主积极行动起来。

【语言需要提早开发】 来自：一封信 3 楼

我在外企上班，因此接触到更多的国外文化，对语言尤其看重。因此，在女儿一岁半的时候，我就挑中了一家国际知名的早教机构。除了良好的硬件、便利的交通外，我最看重的是其双语的早教环境。两个月之后，孩子在家里玩游戏时，经常会冒出一两句英语。我觉得这就是早教的效果。

【家庭是早教最好的课堂】 来自：兰妃 4楼

我和楼上三位的观点不同，我不认为孩子必须上早教班。因为早教班一般通过言语、音乐、运动、游戏、图画和社会交往等环境使孩子的大脑神经突触得到良好的刺激，从而建立更多的神经连接，为未来学习、记忆、思考能力的提高打下良好的基础。从这个意义上说，早教班并不是教知识，而是培养孩子的潜能。

但培养孩子的潜能，家庭教育一样能做到。我们手边任何一个物体都是孩子的教具。而孩子一出生，就开始接受家长无意识的早教。家长轻抚宝宝、哼歌或带着宝宝做游戏，都是在无意识地培养孩子身体、运动、情感、认知等各方面的能力。

以下是我的亲身经历：

我在给孩子报了早教班之后，认为孩子就可以“快人一步”了，就让孩子的爷爷、奶奶、外公、外婆承担陪读的角色。可是半年后，我发现没有任何效果。跟老师沟通后才发现，现在的早教班都鼓励孩子的家长参与到教学中来，在开发宝宝各项潜能的同时，更多的是传授家长如何与孩子相处、如何在平时的生活中对教育孩子起到正面作用。毕竟家庭教育才是早期教育的阵营，父母才是孩子早教最好、最重要的老师，早教班只能作为一种辅助手段。

楼主是个全职妈妈，也具备一定的育儿知识，大可不必盲目跟风。现在网络这么发达，一些专业的早教知识网络上都有，不妨多学习学习。

【注重平时的培养】 来自：晃晃溜溜 5楼

同意楼上的说法。早教班一般每周1~2次，每次30~45分钟，每节课按照教学进度进行，时间性、间断性比较强。孩子的记忆特点是重复记忆，早教班这种模式，又能让孩子记住什么呢？而家长只要在平时多对孩子进行教育和引导，孩子就能记住很多东西。我家孩子小时候，我们就培养他的“左右观念”，穿鞋子每次都先穿左脚，再穿右脚。一边穿一边告诉他“先左后右”，一段时间后，当我们说“穿左脚”的时候，小家伙就把左脚抬起来；说“穿右脚”的时候，小家伙就把右脚抬起来。当时我们都很惊讶，反复试验了几次，发现他已经能准确无误地分辨左右了。

另外，2 楼的说法我不敢苟同。若要培养孩子的性格和社交能力，在平时多带孩子和其他孩子一起玩游戏、多教孩子一些礼貌用语就行了，不必非去早教机构培养吧。

【顺其自然】 来自：一乐无忧 6 楼

我给孩子报过早教班，但由于孩子白天睡觉时间比较长，每次都是硬把他叫起来上早教课。孩子带着抵触心理学习，又怎能学好？真正的教育应该“顺其自然”，而非刻意地将孩子放到固定的场所和固定的人一起玩。

现在，孩子每天早晨七点半起床，吃好早饭就要我带他出去“溜达溜达”。中午回家吃好饭后午睡两个小时，起床后吃点儿点心，再去小区的中心花园找小朋友一起玩，傍晚 6 点钟准时回家吃晚饭，晚饭后和爸爸玩喜欢的游戏。

在教育孩子的过程中，最好尊重他的生长规律，上学之前该玩就玩，上学再学一点儿不晚。再说了，现在早教机构良莠不齐，课程广告天花乱坠，这个行业也没有定性，家长很难对早教的成绩进行考证。

【最重要的是玩儿】 来自：开心果 7 楼

同意楼上的做法。

早教班不一定能提高孩子的智商。这么小的孩子，啥都不懂，啥也不记得，他们现在就应该玩，在哪里玩儿都行。早教班不过是一个新鲜的环境罢了，孩子或许会觉得快乐。但是别的地方，孩子也一样会觉得快乐。比如亲戚家、其他小朋友家、动物园、植物园等。实在担心孩子会“落于人后”，不妨寓教于乐，做游戏的时候教会孩子知识。

给孩子一个快乐的童年，建议楼主还是别送早教班了。

专家提示

综上所述，家庭教育才是早期教育的主要阵营，唯有坚持“家庭教育为主，早教机构为辅”的原则，才能带给宝宝更多的欢乐、更好的发展。

要不要送孩子去早教班还要根据情况而定，如果楼主家的经济条件允许，那不妨让孩子接受专业机构的训练，弥补自身专业知识的不足。倘若觉得花那么多钱只是让孩子去那儿学怎么“玩儿”不值得，那家长就不妨充实自己的育儿知识，注重平时的培养。

除此以外，还要注意以下两点：

第一，早教不是传统教育的提前，更不能等同于智力开发。早教的内容其实非常广泛，包括性格培养、健康情感情绪、创造力的培养等，而性格的培养则应该作为早教的首要任务，因为性格决定孩子未来的命运。另外，习惯的培养、捕捉孩子所表现出来的兴趣倾向也是早期教育非常重要的内容。

第二，建立在适宜的生理成熟度的基础上才能进行适时的训练，这是基本的科学规律。不要强迫孩子去做他不喜欢、没兴趣的事情，避免让早教走入另一个极端。

要不要给 3 岁前的宝宝看识字卡片
——拔苗助长，还是先赢一步

【纠结案例】

我家蓉蓉两岁了，入园一个多月。刚开始觉得幼儿园挺好，可我最近对他们的某些做法不太认同。幼儿园的老师竟然教孩子认字，一个月的时间，孩子已经能认十几个简单的汉字了。

幼儿园让孩子认字，我认为孩子只是熟悉了汉字的外形，并记得其代表的某种事务，但不一定真正体验到了汉字的内涵，这和真正意义上的学习汉字是不一样的。而且，网上很多专家说汉字具有独特性，其复杂程度并不符合幼儿的认知水平。而且，在强调发散性思维的图形敏感阶段，如果让孩子记住笔画顺序，并按照常规描画一个字，就会限制孩子的右脑发育。因此，我就想给孩子换一家幼儿园。可我在跟孩子爸爸沟通时却出现了分歧。

孩子爸爸说："我看隔壁小王家的孩子从一岁就开始认字，现在都认识好几千个方块字了。这孩子去幼儿园的时候，老师们都抢着要呢！现在不教，孩子就落下了。再说了，在这时候学习汉字，能让孩子对汉字产生兴趣，等上小学学习的时候才不会产生抵触情绪。"

仔细想想，孩子爸爸说的也有道理，我就有点儿动摇了，可又想给孩子一个快乐的童年，到底要不要给 3 岁前的孩子看识字卡呢？

家长帮话纠结

【抓住黄金时段】 来自：风过留香..？ 1楼

同意楼主老公的看法。

2~4岁是宝宝识字的黄金期，错过了是什么都买不回来的，当然必须要抓住了。而且这个时期让宝宝识字，追求识字数量不是目的，而是想办法让其喜欢上识字，对学习产生兴趣。其实，认字对于宝宝来说，识字卡片也只是一个游戏，在游戏中学习才是最好不过的事情。孩子要是等到五六岁才开始学习认字，往往就会觉得乏味、枯燥，最终导致厌学。

那些没有进行早期识字训练的孩子，到了6岁仍然需要大人的陪伴才能完成功课。可那些早期认字的孩子则充分发挥了潜能，锻炼了自立能力，当然也能节约我们大人因追赶滞后教育而需要加倍付出的时间。

【环境刺激有助大脑发展】 来自：心肝大宝笑 2楼

同意楼主的看法。

楼主家孩子已经两岁了，开始成为一个真正意义上的“人”，开始渴望了解外界事物。当你以为孩子是在玩儿的时候，其实他们是在观察客观世界，比如观察公交车、蚂蚁、各种各样的人等。只有对具体的事物和关系以及人有了充分的认识后，才能更好地学习各种抽象的文字。早点儿认字，只能让孩子对图越来越不敏感。

3岁前的宝宝，最主要的任务就是观察世界。只有提供丰富的刺激，才有助于他们大脑的发展，推动学习的神经细胞的连接。多和孩子谈话，播放音乐，和孩子一起玩游戏等，都是环境刺激。

【5岁时识字效率最高】 来自：快速识字老师 3楼

我是一名专教快速识字的老师，我们认为，孩子在5岁的时候识字效率最高。所以建议楼主别着急，不要担心孩子跟不上。孩子只要在适龄的时间段系统学习，就会达到识字量了。比如我们快速识字的课程，一节课识字量就能达到 80 个，一段时间之后，看报读书都不是问题。

当然，如果现在就想让孩子接触汉字，那不妨不经意间教孩子念一念马路边上的广告牌，或睡觉前讲故事给孩子听，耳濡目染，潜移默化，也不用费劲儿。等孩子到了 5 岁，再系统学习也不迟。

【顺其自然，避免适得其反】 来自：lookandlook 4 楼

3 楼老师说的很对。

我的感觉是，孩子要是能接受，就让孩子学，孩子要是不感兴趣，也不能强逼。我儿子快 3 岁了，我也没怎么教，但现在他已经会 200 多个字了，我感觉挺好的。

儿子平时的主动性很强，总是问这个字念什么、那个字念什么，所以就认识了一些。我没有强求他必须认识几个字，也没有刻意拿出一个时间段教孩子识字。我姐家的孩子就是因为太过强求，最终抹杀了孩子学习的能动性，从此不爱看书。

总之，就是顺其自然吧，他想学的时候就告诉他。不想学也无所谓。毕竟这个年龄段的孩子，玩才是最重要的事情。

【正确的心态和方法】 来自：佐赫拉夏可可 5 楼

楼主老公的心态要摆正，不要总拿自己家孩子和其他孩子比，每个孩子都是独特的。当然，即使你家孩子认识很多字，也不能带孩子出去“炫耀”，这样容易让孩子骄傲自满。

身为父母，也能理解楼主老公“望子成龙”的心态，但是教孩子认字一定要掌握正确的方法：

（1）寓教于游戏、寓教于生活。譬如拿到“鼻子”，爸爸妈妈可以一起指着自己“鼻子”，念到“爸爸”的时候，爸爸就说“在这里，在这里”。

（2）孩子的注意力有限，所以认字学习每次10分钟就好，其余时间还是玩游戏。

（3）识字卡一定要色彩丰富，如此才能更吸引孩子眼光。

（4）让孩子感觉到识字很快乐。我很喜欢用广告牌教孩子认字。有一个早餐店门口写着：绿豆浆

红豆浆

黄豆浆

黑豆浆

你读的时候，先按照常规读法读一遍。然后竖着读一遍“绿红黄黑，豆浆豆浆豆浆豆浆”，孩子就会觉得好玩。然后再这样读一遍“绿豆、红豆、黄豆、黑豆，浆浆浆浆”，读完孩子一定开怀大笑。

孩子开心，才能对识字产生兴趣。多读几遍，有些汉字自然就映入孩子脑海中了。

总之，教3岁前的孩子识字应该是游戏式的、放松的，如果孩子觉得认字好玩，那就教他认字。万不可强求，让孩子按照自己的步子进步。

【国外育儿经验谈】 来自：芙蓉出水　5楼

建议楼主不妨借鉴国外家长的育儿经验，看看他们的孩子在3岁的时候都学什么？

在加拿大——不教识字

在加拿大没有早教班的说法，孩子稍大一点儿就被送到“play

school”，那里有音乐、美术、劳作等活动，但没有教写字的功课。因为他们认为3岁前是孩子动作能力均衡发展的关键期，若是过早认字、写字，不仅消耗孩子的体力和脑力，更阻碍他们动作的发展。

在德国——启发孩子绘制地图

德国家长认为，这个年龄段正是培养孩子抽象思维能力的时期，所以他们很喜欢跟孩子玩数字类游戏，还有下棋、搭积木、玩魔方等。最具特色的是，他们会教孩子绘制地图。在海滨的沙滩，常常能见到父母带着小孩儿用小木棍画出记忆中的家在哪里。

在韩国——让孩了慢慢长大

韩国家长认为，孩子想学的时候才开始让他学。先旁观孩子所做的一切，如果发现孩子对某些事物有兴趣，只要在后面轻轻推一把即可。多让孩子接触大自然，有助于孩子良好性格的培养。

专家提示

对于教孩子认字这件事，家长一定要摆正态度，因为只有正确的心态和方法，才有利孩子成长。

所谓正确的心态，是指识字与家长的虚荣心没有任何关系。所以，在面对其他人的羡慕或嘲讽时，一定要特别坚定。识字不是为了提前学习知识，而是为了培养孩子的兴趣，让孩子在以后的学习中更顺利。

正确的方法5楼基本都提到了，但这个方法还得看孩子有没有兴趣。当然，兴趣是可以培养的，但如果培养不出来，家长切勿强求，免得适得其反。

综上所述，建议楼主先问问孩子，看他愿不愿意识字，再决定到底专学与否。孩子的兴趣才是最重要的。

越早送幼儿园越好吗
——伤害，还是关爱

【纠结案例】

都说孩子 3 岁上幼儿园最好，我也非常赞成。但是，我家成成两岁时，带他出去玩儿很少遇到和他年龄相仿的，大都比他小。我很纳闷，一打听才知道，原来现在的孩子大多两岁左右就进幼儿园了。为了让孩子得到锻炼，我的内心就动摇了，希望孩子早点儿进入幼儿园。而且幼儿园老师也说，孩子越早入园越好，因为在幼儿园里不仅能学会和别人相处，还能培养良好的生活习惯。

可我表姐坚决反对。她说她家毛毛也是两岁送去了幼儿园，刚开始孩子不适应，表姐他们却坚持送，结果孩子哭闹了 4 个月才逐渐平静下来。从那以后，毛毛胆子就特别小，从不敢一个人在家。即使表姐出去倒趟垃圾，毛毛也特别惊慌。所以她建议我晚一年送。

矛盾啊，很多人说越早送幼儿园越好，可毛毛的例子摆在我眼前，到底该怎么办？我家孩子到底该不该去幼儿园呢？

家长帮话纠结

【3 岁入园最合理】 来自：孜孜妈咪..？ 5 楼

坚决不能送。

因为对于两三岁的孩子来说，满足其心理、精神上的需要非常重要。这个阶段的孩子爱玩，游戏无疑是最主要的心理需要之一。孩子也正是通过游戏来了解世界，可以说游戏是他们的一种学习方式。幼儿园虽说也是教孩子做游戏，但环境毕竟不一样，要求孩子“规范”，而 3 岁前的孩子最需要的是“自由”。毛毛就是最好的案例，过早入园，只会对孩子的身心健康产生危害。

0 ~ 3 岁是孩子的依恋期，家长不要总想着摆脱“小尾巴”。只有在这个时期和孩子建立很好的伙伴关系，孩子才会乐观、积极。

同样的幼儿园集体生活环境，2 岁孩子面临的困难要比 3 岁孩子大许多。而他们的心理承受能力也比 3 岁孩子弱，所以，强烈建议楼主家的孩子 3 岁入园。

【因材施教】 来自：偶然 2 楼

楼上的话太绝对了，每个孩子的情况不同，孔子教育学生都是因材施教。

我家乖宝儿两岁半就入园了，因为我家孩子的语言发展能力（能向老师说明自己的想法，比如上厕所等）、自理能力（会自己吃饭）以及适应能力（能够尽快适应幼儿园的生活）都很强。入园不到一个星期，乖宝儿就喜欢上了那里，在家还吵着要去幼儿园做游戏、和小朋友们玩儿。上幼儿园之前的许多坏毛病也都改过来了。

楼主如果觉得你家的孩子比其他孩子“超常”，各方面能力突出，早送一年也无所谓。如果孩子发育比较慢，那到 4 岁再送也可以。成成两岁了，可以带他参加亲子班了。这样楼主就不必担心孩子与同龄小朋友接触得少了。有时间还要多带成成探亲访友，鼓励左邻右舍的孩子串门，给孩子创造结交伙伴的机会。

【好妈妈胜过好老师】 来自：橙子 3 楼

同意 1 楼的看法，像 2 楼人家的“神童”毕竟是少数。

我家孩子两岁零两个月入园，因为找不到合适的保姆，我们又没有太多时间照顾他。但他 3 岁之前，却一直在与疾病搏斗。班上只要有一个孩子感冒，肯定能传染上我家孩子。就算其他孩子不传染，他也是三天两头住院，十来个月花去我们好几万块钱。这入园比在家还让我们操心呢!

后来咨询了一些育儿专家，他们说两岁左右的孩子年龄小，适应能力差，所以对幼儿园容易抵触，甚至大哭不止。情绪会影响孩子进食，进而影响孩子的抵抗力。本来孩子抵抗力就差，再加上心情不好，就更容易生病了，夏天一哭还出满身的痱子。孩子难受，家长也心疼。

再好的幼儿园也不会比家里的一对一照顾好，再好的老师也不能代替妈妈。在 3 岁之前把孩子送到幼儿园不是关爱，而是伤害，有的幼儿园甚至成为孩子“心理虐待”的场所。楼主不要人云亦云，别人认为越早入园越好，你要根据自己的孩子的特点来决定，不要让关爱变成伤害。

【最好选择亲子班】 来自：天才 Baby 教师 4 楼

现在的孩子大多是独生子女，家庭环境单一。接触的人有限，导致孩子不懂得如何去和别的小朋友相处。多和小朋友玩儿是有很多好处的，不仅能锻炼人际交往能力，还能锻炼语言表达能力。

楼主家的孩子只有两周岁，可以不送幼儿园，但必须让他有一个集体生活的环境，所以建议送到亲子园，或者去上亲子课。这样既能增强成成适应环境的能力，也能增进楼主和成成之间的关系，为其将来上幼儿园做准备。实践证明，上过亲子园的宝宝对幼儿园的适应能力远远高过3岁前由父母带的儿童。

【聪明孩子上学早】 来自：高太太 5楼

现在的孩子越来越聪明，我觉得我们小时候都是三四岁才会说话，现在孩子一两岁会说话的多的是，所以也没必要非等到3岁再上。可以先带他到幼儿园去熟悉一下环境，告诉他有好多小朋友在这里玩儿。如果他愿意，也可以和这群小朋友一起做游戏、唱歌跳舞。

如果决定了让孩子入园，要跟带班的老师打个招呼，强调一下孩子的性格特点，以便老师能够针对性教育。

【视情况而定】 来自：霹雳大喇叭 6楼

楼主家里要是缺人手，那就现在上吧，毕竟现在大多数的幼儿园都以两岁为底线，因此生活和教学安排也是以两岁为准的。找个口碑好的老师，楼主自然不用忧心。孩子哭闹，这是正常现象，突然离开父母，难免不适应。楼主必须“狠下心”来，将孩子交给老师。你表姐家的孩子之所以4个月还不适应，肯定跟老师有关系。所以，找个口碑好的老师是关键。等孩子适应了，就进步了一大步。

如果楼主家里不缺人手，那也要开始考虑入哪个幼儿园了。一旦确定好了，就必须和幼儿园沟通，了解他们的作息饮食等。然后依照幼儿园的作息饮食，在家进行半年左右生活习惯的调整。之后最好再参加该幼儿园举办的亲子班。等孩子到了3岁，就是入园的最佳时期了。

另外也别让孩子等到太大才入园，比如三岁半去插班入园，这样，落下的半年课程很难补齐，孩子只能在没有基础的情况下继续学习，不仅增加恐惧度，更丧失了学习的信心。

专家提示

现代人普遍认为孩子越早送幼儿园越好，其实不然。举个例子来说，现在大多数幼儿园都以两岁为底线，其生活和教育安排也以两岁为底线。如果一岁多就让孩子上两岁才该上的幼儿园，他就会一直处于被特殊照顾的人群里，总把自己放在备受关注的位置，影响孩子健康心理的发育。因此，孩子并不是越早送幼儿园越好。

当然，楼主家的孩子已经两岁了，如果你觉得他现在语言发展能力、自理能力以及适应能力都很强，那就送去吧。如果孩子能力不足，就要按照6楼说的，先在家适应半年幼儿园作息，再上个亲子班，到3岁再去。

要不要强迫孩子上兴趣班
——尊重孩子意见

【纠结案例】

儿子2008年出生，3岁了，刚进幼儿园不久。我和孩子奶奶最近在商量要不要给孩子报个兴趣班。孩子奶奶不赞成这么早就给孩子背上包袱，希望孩子多玩两年。老人心疼孩子无可厚非，于是我就问儿子要不要上兴趣班，儿子却反问："什么是兴趣班?"好不容易给孩子解释清楚了，儿子说了一句："我对兴趣班没兴趣。"之后，我又诱导他去，可他一点儿反应也没有。网上很多人也说从小让小孩子被迫接受兴趣班，一旦反感，对以后的影响会很大，权衡之后决定还是算了吧，不着急，再等两年。

可孩子爸爸却不同意，他说："孩子这么小，怎么知道自己对哪方面感兴趣啊，你就得强迫他多学学，看他在哪方面突出。他都没接触过，怎么知道自己不感兴趣呢。而且你看咱邻居家的孩子3岁就开始上兴趣班了，4岁就可以画一手好画。要是不报兴趣班，怎么会知道他有画画天赋啊!"

矛盾中……要不要强迫孩子上兴趣班呢?

家长帮话纠结

【尊重孩子意见】 来自：沫沫..？ 1楼

闺女5岁的时候，我看小区里的其他女孩子都报了舞蹈班，为了不让她落下，也给闺女报了。一开始她不愿意去，问她原因，她说担心自己学不会。闺女从小就不自信，成天胆怯地躲在别的小朋友的身后，一句话也不敢多说。为了让她变得自信些，我苦口婆心地劝说了两小时，最终孩子同意去学了。刚开始，孩子每天回家都练习一个小时，可好景不长，不到一个月，她就哭闹着说不想去了。我狠下心将她送到学校，可孩子哭得更厉害了。我看孩子这么可怜，就左右为难了。一方面，闺女越来越不爱说话了，担心强制送会得自闭症，怕她受罪；可另一方面，又觉得为什么别的孩子都行，我的孩子就不行呢，也许她挺过这段时期就好了。最终，我选择尊重孩子的意见。从那之后，闺女又恢复了笑声。

应该给孩子一个快乐的童年。在报兴趣班之前，因为我没征求闺女的意见，才导致了后面的“悲剧”。自我检讨之后，我和闺女聊天时发现她喜欢钢琴，于是就改报了钢琴班，直到现在她还坚持着，并乐在其中。

刚入园的孩子还是不要“上班”为好。毕竟各方面都不稳定，容易情绪低落。一上学就盼望着放学看到爸爸妈妈。而如果强迫他上兴趣班，他看到别的孩子被爸爸妈妈带回家，而自己却要留下来，就容易让孩子的小心灵受到伤害。

所以建议楼主不要强迫孩子，让孩子自然、快乐地成长才是最重要的。等孩子适应了幼儿园的生活，再根据孩子的爱好选择兴趣班，不要像孩子爸爸那样漫天撒网，浪费钱不说，还容易增加孩子的心理负担。

【捕捉孩子的敏感期】 来自：红尘不飞 2 楼

兴趣班肯定是要报的，3 岁的孩子懂什么啊，他自己怎么会知道兴趣在哪里。当然，漫天撒网也不对，只有靠家长认真观察了，客观分析你家孩子的强项是什么，哪些可以作为兴趣培养，哪些兴趣班可以帮助改变孩子性格。每一个孩子都有一个敏感期，在那个时期可能表现出对音乐、对画画感兴趣，那么就让孩子学音乐，学画画。如果你觉得孩子多动，就报个书法班，培养孩子稳重安静的习惯。

总之需要楼主细心观察，捕捉到孩子的敏感期。但也不能期望太高，不要妄想孩子报个音乐班就能成为音乐家，报个画画班就能成为画家，心态要放平和。如果孩子不感兴趣了，可以换个班。只有接触面广了，孩子的知识才会更丰富，也不会拒绝学新知识了。

【根据个性，培养兴趣】 来自：天空的雄鹰 3 楼

楼主，将你的眼光放长远一点，不妨让孩子按照他固有的个性来发展自己，不仅孩子享受快乐，你也少操点儿心。哪怕孩子做出一点点成绩，你都会快乐。

比如，孩子喜欢说话、喜欢对着镜子唱歌、对不同的声音区别得很清楚，就可以报声乐、钢琴等兴趣班；孩子喜欢收集彩色的糖纸和布娃娃、对衣服很挑剔，就可以报绘画、儿童模特队等兴趣班；孩子喜欢玩儿拼图、积木等游戏，平时比较安静，就可以报科学实验课、围棋等兴趣班。

在确定好要上哪个兴趣班之后，还要选择好老师。毕竟，好老师才能在玩的过程中培养孩子的兴趣。

【做事有始有终】 来自：晴天娃娃 4 楼

反对 2 楼的随便换班观点。

俺闺女从小到现在，先后学过唱歌、游泳、美术、葫芦丝、小提

琴。每次都是她主动提出要学，可每次学不多久就不想学了。我挺尊重孩子的意见的，索性停课了，可孩子却养成了半途而废的坏习惯，遇到点儿困难就退缩了。直到孩子 7 岁，她看到班里很多同学都有这样那样的特长，羡慕不已，还抱怨我说：“妈妈，你当初应该逼我坚持下去的。”

孩子上兴趣班是一件好事，但要有始有终，半途而废影响孩子一生。

【大自然才是最好的课堂】 来自：牵挂一生 5 楼

我并不建议 3 岁的孩子就开始报兴趣班，这么小就学那么多东西怎么吃得消啊。6 岁之前，孩子最需要的是大自然，大自然是最好的课堂，可以启发孩子的好奇心，促进孩子的探索精神，对孩子的身心发展都有极大好处。

周末的时候，不要想尽办法带孩子去上兴趣班，尽量多带孩子到大自然中去。一方面可以学到课堂上学不到的知识，另一方面也可以培养亲子情感。

再者，现在的兴趣班商业化过浓，并不是依托孩子的兴趣爱好自由发展的，没什么效果，不报也罢。还不如自己买几本书来看绘画知识，自己教孩子学呢。别强迫孩子学太多，给他一个快乐充实的童年才是最重要的。

【兴趣班和特长班的区别】 来自：时空小侠女 6 楼

其实，我们大家将兴趣班和特长班混淆了。

所谓的兴趣班，就是能让孩子感兴趣，能给他们带来乐趣的课堂，旨在让孩子快乐，因快乐而收获能力。而特长班则是一种快速成长的方法，目的是让宝宝在某项技能上有飞速发展。

我们应该抱着平和的心态，才不会让兴趣班成为孩子的负担。多征求孩子的意见，毕竟课程设置是让他们感兴趣，而不是家长感兴趣。我们做父母的，是要发现并培养孩子的兴趣，并不断鼓励孩子坚持下去，而不是通过强迫的方法来逼迫孩子学习。兴趣班既然是凭兴趣学习，兴趣课也并非必修课。

不是非要到兴趣班里才能发展出孩子的兴趣，也可以在家里布置画板鼓励孩子自由画画。如果幼儿园要求必须上兴趣班，也别抱太大希望，就当是玩玩。

PS：4 楼的，你家孩子如果真对某方面感兴趣，可以选择上特长班了。只要想学，什么时候都不晚。

专家提示

首先，楼主要弄清楚兴趣班和特长班的区别。要知道兴趣班是以孩子的兴趣为前提的，只有孩子有兴趣，他才愿意学，也才能学好。对于上兴趣班，不要抱太大希望，毕竟 3 岁的孩子兴趣多变。作为家长，要善于发掘孩子的兴趣，并用正确的方法帮助他维持兴趣，实在不感兴趣就放弃，千万不要采用强压的方式进行教育，特别不要把自己的想法或愿望寄托在孩子身上。

要不要上英语班
——别让外语影响了母语

【纠结案例】

今天跟孩子爸爸去逛了逛书店，二楼最显眼的货架上摆着各色琳琅满目的幼儿英语教材，回家的路上又看到小区布告栏贴着幼儿英语班的招生广告。遇到熟人，问了我一句：“你家孩子准备报英语班吗？要报就一起报了，孩子们还有个伴儿。”我当时回答说：“孩子太小了，不想给他太大压力，想等他大点儿了再学。”可对方不这么认为，她说：“两岁的孩子正处于语言发育的敏感期，这时候抓紧时间学习英语，能够达到事半功倍的效果。而且，孩子的发音器官柔软，其声带、唇、舌等运动神经的调解有很大的可塑性。而且学习英语的孩子不怕羞，敢于在集体面前大胆开口。”

我听了还是觉得很矛盾，我总是觉得，自然发展的孩子，才更乐观，心智也比较健康。到底要不要送孩子去英语班呢？有经验的妈妈们给我点儿意见吧！

家长帮话纠结

【不必急于一时】 来自：苏小妹 1楼

楼主，听我一声劝，还是别让孩子去了，我的孩子就是最好的例子。

我家童童原本是一个聪明活泼的孩子，但自从上了英语班，就越来越不爱说话了。我和他爸爸想考考他，就指着一个苹果问他："这是什么？"孩子眨巴着眼睛，用不确定的声音回答："是苹果吗？"前几天我送他上英语班的时候，他更是站在那里看着我发愣了几分钟，还小声嘟囔说："我该喊你 mum，还是妈妈呢？"有一天，我对儿子说："妈妈爱你。"儿子更是愣在当场，说："爱老虎油，还是 I love you。"一段时间后，孩子越来越不对劲儿了，很简单的东西也会说错，原本认识的汉字也开始混乱了。我突然意识到孩子这么小，记忆力是强，但大多数属于无意识记忆，与他记住一个符号是没有区别的。

楼主家孩子还小，玩儿是天性，会玩儿的孩子更聪明。英语学习的路还很长，何必急于一时。

【不必急于一时】 来自：母语学习才是第一位 2楼

我是一名小学老师，每年开学的时候，都会遇到这样的问题，学拼音的时候，孩子看见"a、b"就读英文字母"A、B"，弄得我们这些老师哭笑不得。还有些孩子记住了 26 个英文字母的发音，再学汉语拼音难免会混淆，每次都要花大力气纠正。所以，我支持楼上的主张，我们是中国人，母语的学习才是第一位，别本末倒置，最后中文不会说，英文也没学好。

【母语说好了，再学外语】 来自：么么茶 3楼

同意 2 楼说法，等孩子把母语说好了，再教他说外语并不迟。想想

孩子平时在家里跟我们说的是母语，可到了英语班就说英语，思绪混乱，哪种也没弄明白。所以，学习外语一定要有语言环境。我是英国人，妻子是中国人。在家的时候，我们两个人同时和孩子用两种不同的语言交流，孩子很快掌握了两种语言。想要孩子学好英语，一星期上一节英语课管什么用？要给孩子营造一种良好的语言环境，比如在家的时候和家人用英文对话。如果没有语言环境，不妨等孩子大一些，语言表达能力和理解能力都不错时再考虑也不迟。

【英语班让孩子更自信】 来自：爆米花小姐 4楼

德国儿童教育家沙凡认为，孩子最好从两周岁就开始学外语，因为那时是孩子记忆力最好、模仿能力最强的时候，在语音辨别、语音模仿、词汇吸收等方面具有成年人无法比拟的优势。我儿子就是从两周岁就开始上英语班的，每天上、下午各有一节英语课，并且是美国外教教。上小学之后，老师听了我儿子纯正的美英发音之后，就让他当了科代表，更增加了儿子学习英语的兴趣。儿子还告诉我，那些没上过英语班的学生学起英语来很吃力。为了孩子将来考虑，楼主还是给孩子报英语班吧。

【你家孩子有内动力吗】 来自：心语 5楼

虽说幼儿学习英语有很多生理上的优势，可是大家还是忽略了一个很重要的问题，那就是——内动力。如果楼主家的孩子性格比较内向，不爱多说话，对学英语一点儿兴趣都没有，那就别勉强他了。如果你家孩子确实有语言天赋，又有内动力，早点儿学习也未尝不可。

【明确学习目的】 来自：猫一样的女子 6楼

首先，楼主要明确让我们孩子学习英语的目的是什么。让孩子学习英语，并不是为了让他的英语水平有多高，词汇量有多大，而是希望培养出孩子的学习兴趣以及对英语语音的敏感性，为以后的英语学习打好基础。

既然如此，孩子就没必要去英语班，将英语带进生活当中了。带孩子去公园玩的时候，告诉她公园是 park，去公园就是 go to park，我们一起去公园就是 let's go to park！后来女儿就主动找我教她说。还要记住的是，如果孩子说错了，父母千万别严厉纠正，因为这样他们会停止继续学习，害怕自己又说错了。

【让孩子对英语感兴趣】 来自：轩轩妈妈 7楼

我国许多城市让孩子从小学三年级就开始学英语，在欧洲一些发达国家，一般也是让孩子从 10 岁开始学外语。不管什么时候学习，都有一些学有所成的。因为人最佳的学习时机是对某种学科最感兴趣的时刻。

如何才能让孩子对英语感兴趣？可以给孩子买一些 VCD 看看，在睡觉前给孩子念一两个单词或者放几首轻缓的英文歌，起床的时候放一些英文童谣，等等。当你找不到更好的办法来激发孩子学习英语的兴趣时，至少要保证他对英语没有抵触和恐惧。

专家提示

综上所述，幼儿学习英语要因人而异，看看孩子有没有内动力。不管孩子去不去英语班，楼主都要懂得，幼儿学习英语是以培养学习习惯和兴趣为目的，不要过分地追求学习的数量，让幼儿在轻松愉快的氛围中学习，使其对英语产生浓厚的兴趣。

但是楼主一定要注意以下几个问题：

第一，以学好母语为根本，别本末倒置，母语不会说，英语也学不好。

第二，尊重孩子的发展进度。当孩子说错某个单词的时候，别严厉批评。尽管培养不出孩子的兴趣，也别让孩子对英语反感。

第三，尽管可以借助碟片，但最好还是以自然的方法将英语带进生活当中，孩子才会主动学习。

第四，别给孩子太大压力，明白孩子学习英语的目的是什么，别太计较词汇量。

上公立幼儿园还是私立幼儿园
——哪个对孩子的教育更有利

【纠结案例】

我家多多马上就3岁了，到了要入幼儿园的时候。早在半年前，我和多多的爸爸就开始考察幼儿园。结果遇到了一个头疼的问题：到底是上公立幼儿园还是私立幼儿园。对此，我们持不同意见。

多多爸爸认为：公立幼儿园环境比私立的好，不少公立幼儿园里有专门的营养师，懂得根据每个小朋友的体质去安排饮食。而且，公立幼儿园的老师都是正规军，有耐心、经验丰富，孩子出现什么问题，都能马上解决。而私立幼儿园的老师不仅专业性差，经验不足，流动性也比较大，容易让孩子产生陌生感，对孩子成长有一定影响。

我则认为：公立幼儿园招生的时候，在区域问题上要求条件高，很多不属于本辖区户口的孩子还要交纳赞助费。况且公立幼儿园的孩子非常多，一个班至少有40多个孩子，老师根本照顾不过来。为了孩子能有个好前程，还是上私立幼儿园合适。

为了这个问题，我和孩子的爸爸经常吵架。孩子到底该上公立幼儿园还是该上私立幼儿园，各位家长给支个招儿吧！

家长帮话纠结

【公立最佳】 来自：莘小果 1楼

怎么还有人为这个问题纠结？最佳答案当然是公立的了。

对比如下：

（1）公立省钱，在我们这个地方公立一般一个月300～400元，而私立的则一般在600～1000元。

（2）公立的教育目的在于培养孩子的学习及生活方法，其次才是教本领。而且，公立幼儿园与小学衔接比较好，可以省去一部分幼小衔接的钱；而私立的教学目的在于多教小朋友知识。

（3）私立的以赚钱为目的，公立的则不同。

（4）公立幼儿园每天吃的东西好，上午有牛奶、面包等，正餐海鲜、肉类比较多，下午有水果、点心。这是私立幼儿园没办法比的。

总之，幼儿园还是上公立的好。

【先私立，后公立】 来自：幸福的小宝 2楼

选公立还是私立，应该从孩子年龄来看。我认为在孩子3岁之前，最好先到私立幼儿园上一段时间，适应一下幼儿园的环境。到了适龄年纪，再送到公立幼儿园。

其实，私立幼儿园并不像楼上说的那样是以赚钱为目的。相

较而言，私立的老师更有爱心和耐心。我儿子在两岁的时候去的私立幼儿园，经常尿裤子，饭也不自己吃，都是那些老师耐心教育后才改正的。

【就近原则】 来自：王子爱上车 3楼

在不考虑经济压力的条件下，我觉得幼儿园还是坚持“就近原则”比较好。

最初，我觉得收费高越好，所以就给孩子找了一家综合条件都不错的幼儿园。但因路程远，每次上学路上都要用半个小时以上，每天早早起床，孩子和我们都很累。长此以往，更影响孩子的睡眠质量，幼儿园的生活质量也会大打折扣。此外，如果幼儿园离家近，可以步行，有利于孩子和父母的交流，让父母更自然地了解孩子在幼儿园的各种情绪和要求。

【选择老师最重要】 来自：酸辣妮妮鱼 4楼

孩子入园不仅要考虑环境的问题，最主要的还是看你会遇到什么样的老师。很多人主观地认为，公立幼儿园的老师对孩子缺乏热情、照顾少，而私立幼儿园则照顾得周到细致。其实不然，不管哪个幼儿园，总有一些负责人和不负责任的人，遇到一个好老师，才是孩子成功的第一步。

【课程设置最重要】 来自：天天棉花糖 5楼

我觉得选择哪所幼儿园主要看其课程设置。幼儿园和幼儿园的情况不同。有些幼儿园注重识字、算数，而有些幼儿园则会从孩子广泛兴趣出发，更注重培养孩子的动手和自立能力。你更注重哪个就选择哪个好了。

【根据孩子情况而定】 来自：想飞的小翅膀 6楼

不同意楼上的看法，我觉得选择幼儿园还得根据孩子的情况而定。

如果孩子的适应能力、自理能力、与人交往能力都比较强，那就可以选择公立幼儿园。让孩子从小学会承受一些压力，对他的将来有很大帮助。

如果孩子的各种能力都有待加强，那就应该考虑去私立幼儿园。如今私立幼儿园的教育也十分系统，教学方法比较先进，对培养孩子的各种能力有独特的方法，让孩子在快乐中进步。

【各有各的好】 来自：野曼 7楼

凡事有弊有利。

公立幼儿园的孩子多，老师会尽量让孩子规范化，纪律性比较强，让孩子从小养成习惯，升小学后更容易适应。但是，太规范化的教育容易禁锢孩子的思想，毕竟老师没有那么多时间听每个孩子表达自己的观点。

私立幼儿园的孩子少、束缚也少，利于培养其创新思维和发散思维。但是太放任自流也不是一件好事，孩子容易懒散、不求上进。

【上得起还是上不起】 来自：小米粒 8楼

还是先考虑考虑自己的经济条件最重要。

我和孩子爸爸都是普通上班族，承受不了太高的费用，只好选择公立。但是，不管私立还是公立，老师对孩子的态度都有好有坏，哪个幼儿园都有打骂孩子的现象，这就要看孩子的运气了。

还有最重要的一点是：每个老师教育孩子的方法不同，不要盲目判断，否则很难找到理想幼儿园。

专家提示

对于选择私立还是公立的问题，家长应该首先考虑幼儿园离家的远近，尽量选一所离家近的幼儿园，如此才不会让孩子和家长太辛苦。其次，再从以下几方面考虑：

(1) 贵的不一定好，不贵的也不一定不好，要根据自己家的经济情况而定。

(2) 考察幼儿园的时候，观察幼儿园能不能为孩子提供充分的活动空间。当两所幼儿园实力相当时，不妨让孩子决定，自己到底喜欢哪个环境，如此孩子才会主动适应幼儿园的生活。

(3) 选择好孩子人生的第一位老师。环境再好，老师随意打骂孩子，孩子也不会乐意去。

(4) 私立、公立各有各的好，要从孩子的实际情况出发，看他自身的能力更适合在哪个学校。

建议楼主对自己孩子有一个客观的认识，好好分析分析，看孩子到底适合哪所学校。

该不该给孩子看动画片
——让他选择，还是帮他选择

【纠结案例】

上周末和同事约好两家人一起去野外烧烤，当然都带上了自家孩子。我儿子晨晨三岁半，同事家儿子多多4岁。为了方便两个小朋友交流感情，我们两家人开了一辆车。半路上，晨晨和多多玩起了过家家的游戏，一会儿睡觉，一会儿起床，一会儿看电视。

多多说："我在看动画片。"我就笑着问多多："你在看什么动画片啊？"多多想了想回答说："巧虎。"我家晨晨立马学样说："我也在看动画片。"我接着问："你在看什么动画片啊？"晨晨想了想说："我在看唐老鸭。"我听了心里暗笑："臭小子，什么时候看过唐老鸭啊？估计就是听别的小朋友说过罢了。"

晚上回家后，我跟晨晨说不能养成说谎话的坏毛病。晨晨有些不服气说："爸爸，您怎么这样啊？别的小朋友都可以看动画片，为什么我不行呢？每次听到其他小朋友谈论动画片的时候，我就感觉被孤立了。"

听了儿子的话，我不禁纠结起来。一直以为看动画片的弊大于利，所以坚决不让儿子看，可是随着孩子的长大，如果一直不看动画片，会不会影响他的社交呢？

家长帮话纠结

【尽量少看，最好不看】 来自：香幽梦 1楼

建议尽量少看，最好是不看。

儿童动画片并不是完全无益，但现在的动画片的教育意义是越来越少了，尤其是日本动画片，基本属于暴力动漫。而且，现在的动画片大都挺长，比如《喜羊羊和灰太狼》，看完第一集就想看第二集，就跟大人看连续剧一样，总想知道结局是什么。但是，如果不看第一集，也就不会想到要看下面的第二集。所以，还是控制孩子不要看，留更多的时间带孩子认识大自然。

此外，不要担心你家孩子的社交问题。好性格的孩子不管到了哪里都能"左右逢源"，性格不好的孩子即使能讲一万部动画片也没人喜欢。

应该多让孩子人际交往，而不是人机交往。比如多和其他小朋友玩玩游戏、讲讲故事、玩玩沙和水、积木、拼图等，只要能带给孩子快乐就行。

【痴迷动画害处多】 来自：妮妮公主 2楼

支持楼上看法。

我家儿子5岁了，很喜欢看动画片，尤其痴迷《奥特曼》。家里奥特曼的碟片不知道有多少，动画书也是成堆，玩具更是数不胜数。孩子经常邀请小朋友到家里一起看。更让人哭笑不得的是，上个礼拜我带他去超市买东西，过马路时，他竟然做了一个奥特曼的动作，想挡住来来往往的车子，把我吓得够戗。

刚开始觉得，看动画片对于拓展孩子的语言、思维、行为等各方面有一定的帮助，但现在是坚决杜绝。毕竟动画片只是一个虚拟的世界，长期沉迷于此就会脱离现实世界，更会影响孩子认识自然、了解科学和

社会。

孩子看动画片得到的收获都可以在生活中找到，所以不如多花点儿时间让孩子从身边的人与物来思考。尽量别让孩子看那些成人人为制造的东西。

【看动画，好处多】 来自：虎妞 3 楼

楼上的看法太主观了。

我家孩子刚入园的时候，胆子小得不行。后来我发现他很喜欢奥特曼，为了鼓励孩子在课堂上大胆讲话，我就将孩子生活中的内容编入奥特曼的故事中。比如，奥特曼上课总是积极回答问题，遇到难题先动脑筋，主动帮助周围有困难的同学……孩子听得津津有味，渐渐改掉了胆怯的缺点。

男孩子难免有个英雄梦，现在还小，等长大了就不会再喜欢奥特曼了。当其他小朋友还很喜欢的时候，他就会说“真幼稚”，可能孩子每个时期所喜欢的东西不一样吧！

其实，看动画片有很多好处，比如：

第一，促进孩子的语言发育，丰富他们的词汇量。儿子看了动画片之后学了很多词汇，比如正义、消灭、怪兽等。

第二，有助于大脑的开发。孩子看动画片时会想办法认识和理解故事情节。比如，儿子通过看动画片，就初步认识了恐龙这种古生物。

第三，优秀的动画片往往将知识性和趣味性融为一体，孩子可以从中认识到什么是好人，什么是坏人，我们应该做什么样的人。

【亲自挑选适宜的动画片】 来自：秋千 4 楼

我家女儿 3 岁的时候很喜欢看《小小智慧树》，但自从播放了《虹猫蓝兔》之后她就不喜欢了。第一次看到蓝兔打架的镜头，孩子转身带着哭腔对我说：“妈妈，他们打架了，不能打架，不能！”

我这才意识到，不是所有动画片都能给孩子看，只有好的动画片才可以让孩子受益匪浅。现在动画片里加了很多暴力、成人内容在里面，作为父母，在这方面要尽可能地多给孩子把把关，多给孩子看一些经典有益的动画片。比如《小小智慧树》《智慧树》《巴巴爸爸》《米奇妙妙屋》《猫和老鼠》《聪明的一休》《大头儿子和小头爸爸》《小蝌蚪找妈妈》《小燕子》《三个和尚没水喝》《牧童》《学问猫教汉字》《海尔兄弟》《龙猫》《狮子王》《舒克和贝塔》等。对于一些比较热播的动画片，可以让孩子适当了解，这样孩子在和别的小朋友交流的时候才不会被动。至于《奥特曼》之类，还是不看为妙。

【控制时间】 来自：杨小鱼 5楼

看动画片不仅要家长帮助选择，还要家长控制好时间和年龄。长时间看动画片的孩子，会认为这个世界就是那样的，2楼家孩子就是典型。

长时间看电视的坏处很多，比如：

第一，对视力不好，比如斜视、近视、散光等。

第二，容易养成坏习惯，比如边看动画片边吃饭，影响消化，造成胃肠功能紊乱，形成肥胖。

第三，长时间看电视的孩子不爱跟别的小朋友玩儿，喜欢自言自语，做事情的注意力不容易专注。

第四，每天看电视超过3个小时，持续两周以上，孩子容易出现心律失常。

孩子每天看动画的时间应该控制在半个小时至一个小时之间。

看看我家孩子的作息：

早上起床后看《巧虎》的盘，20分钟即可，然后去小区的街心花园玩儿。

中午吃完饭后，睡两个小时，继续带孩子认识大自然。

晚上回来后陪她看央视少儿频道的《小小智慧树》，也是20分钟。

此外，楼主家孩子已经三岁半了，可以有选择地看一些动画片了。两周岁之前就不宜看，因为会损伤大脑神经的发育。别太压制孩子，该看的时候就看。但要和她讲好条件，只能看30分钟不超过1个小时。

【家长陪伴最佳】 来自：含笑半步颠　6楼

身为一名幼儿教师，我认为对3～6岁的学龄前孩子，家长最重要的任务是情商教育。当孩子因为看动画片产生一些奇怪的行为的时候，第一责任在家长。我们小时候也看过《葫芦娃》，其中也有血腥场面，但这部动画片留给我的只有美好的回忆。我记得我看《葫芦娃》的时候，妈妈陪在我身边，边看边解说，大都是一些正面的话语。所以，现在的家长不是不能给孩子看动画，而是应该陪在孩子身边有选择地看。

孩子看的时候，家长尽量提取一些积极、正面的元素，培养孩子积极乐观的性格。不要以没时间为借口，放任孩子自己沉浸在动漫的世界里。

建议2楼家长多陪孩子接触真实世界，他终究会懂得，人是挡不住汽车的。

专家提示

如今动画市场鱼龙混杂，导致了楼主的戒备心理。但是要知道，看动画片的主要意义不仅仅是教育，还要让孩子度过一段快乐的时光。为了孩子健康快乐地成长，建议楼主挑选一些适宜的动画片，陪在孩子身边看，并且边看边解说，此外还要有个时间限制。如此才能培养出孩子积极乐观的性格。

要不要上暑假班
——怎样安排一个合理的假期

【纠结案例】

今天下班去幼儿园接女儿回家的时候，老师问："我们园里开展幼儿暑期班，你们家要不要参加?"我说："我回家考虑考虑。"老师接着说："好多学生都交钱了。"听完老师的话，我就决定给孩子报班了。原因有三：第一，我女儿下半年刚开始上小班，好不容易去幼儿园不哭了，已经慢慢适应。如果经过两个月的假期，孩子会不会又不适应了呢？第二，担心长达两个月的假期让孩子"玩儿散了心"，家长不在家，爷爷奶奶又很宠她，担心她养成一些坏习惯，比如长时间玩游戏、看电视等。第三，担心孩子被落下。

可回家跟爷爷奶奶一说，立即遭到了强烈的反对。他们认为：首先，孩子这么小，应该给他一个快乐的童年，以后读书的时间还很长。其次，夏季太热，每天送进送出，担心孩子中暑。最后，他们认为老人更有耐心，肯定能教育好孩子，不用非上什么暑假班。

爷爷奶奶说的也很有道理，实在矛盾，请有相同经历的妈妈们给个参考，要不要上暑假班呢？

家长帮话纠结

【钱不白花，定有收获】 来自：娜娜 1楼

我家孩子比楼主家的小一些，马上要上幼儿园的小班了。为了让孩子提前适应幼儿园的生活，就给报了暑假班。孩子原来从不自己吃饭，可入班的第三天就自己吃饭了，第七天就能自己上厕所了。多亏当时报班了，要不真正入园的时候，其他孩子都自己吃饭，就他不会，必然会自卑。

所以，我觉得楼主还是让孩子上吧。既然花钱了，就一定有效果，即使不能教孩子真正的知识，让孩子同小朋友一起度过一个开心快乐的暑假也是好的。况且楼主家孩子适应能力相对差一些，两个月之后再上学，孩子又得重新适应幼儿园的生活，影响孩子的情绪。

【合理安排，避免中暑】 来自：落落无尘 2楼

同意楼上的看法。暑假班其实没多长时间，每天也就两个小时，其他时间孩子还是可以出去玩儿的。多跟孩子爷爷奶奶沟通一下，将你的顾虑说清楚，他们也会理解的。至于中暑的问题，更不用考虑了。因为暑假班一般安排在上午八点半到十点半之间。孩子上课的两小时，爷爷奶奶还可以休息一会儿。

【暑假班是孩子们的游乐天堂】 来自：化十雨田 3楼

我觉得孩子上暑假班合适。

第一，爷爷奶奶跟我们的教育方式有很大的不同。都说隔代亲，他们比较娇惯孩子，孩子一哭闹，他们就没辙了。

第二，现在的幼儿园暑假班又不像小学中学那样上课学习，孩子们在那里可以随意玩耍，老师能改变孩子的很多陋习。可以说，幼儿园的暑假班是孩子们的游乐天堂。

【在家也上暑假班】 来自：春暖花开 4楼

我觉得暑假班可以上，但不要上学校的。

很多年轻人很不认同老人的教育方式，但我家婆婆教孩子就很有一套。去年暑假，孩子没上暑假班，奶奶在家里教的。

为了孩子的将来，奶奶设置了丰富的“课程”，周一上午练习手工制作，锻炼孩子的动手能力，下午带孩子去颐和园走长廊；周二上午学画画，下午带孩子去百望山森林公园观察树木；周三上午教孩子童谣，下午带孩子去小区的“小池塘”边玩水；周四上午让孩子看《巧虎》光盘、学跳舞，下午带孩子玩儿沙堆……

奶奶带孩子一个月之后，孩子有了不小的进步。现在我一回家，她就先冲出来给我拿拖鞋，并且说：“妈妈辛苦了。”而且，饭都不用大人喂了，都是自己吃。很感激我婆婆的辛苦付出。

楼主要多跟老人沟通沟通，他们带孩子毕竟比我们有经验，而且比我们有耐心。在向他们学习的同时，也要多向老人灌输你教育孩子的思想，比如，不能太骄纵孩子、孩子哭的时候不能哄等。为了孩子的健康成长，相信他们会虚心接受你的教育方式的。

【让教育回归自然】 来自：深蓝浅蓝 5楼

不知道楼主小时候有没有上过暑假班，反正我小时候没有。所以个人认为现在的孩子已经够累了，别挤兑孩子快乐童年那点儿仅有的暑假时间了。学习很大程度在于孩子的兴趣，如果他有兴趣，就会乐意接受你的安排。如果他没兴趣，你越是让他学，他越反感。一年就这么一个暑假，放过这些可怜的孩子吧！

我家孩子在上幼儿园的3年里，我一直没让他上暑假班。每年暑假，我都带他回老家的山里，让他感受山里孩子的快乐，同时让他在暑假里好好放松放松。孩子也跟我说，他在老家可以体会到很多在城里长大的孩子体会不到的东西，也认识了更多的动物，比如猪、羊、牛之类。

孩子的经历以及心灵的体验比在任何暑假班学到的东西都珍贵。如果楼主没有山里的老家可以回，不妨带孩子去旅游，不仅开阔视野，还让孩子更了解大自然，获取更多的知识和经历。

【安排一个合理的假期】 来自：不知道 6 楼

不管孩子上不上暑假班，家长都要尊重孩子的兴趣，安排一个合理、丰富多彩的假期。

第一，合理安排作息时间，尽量与幼儿园时间一致。

这样的安排不仅可以减少孩子开学初期的不适应，还能让孩子形成生物钟。有的家长在暑假里对孩子要求放松，孩子每天睡到自然醒，导致孩子越来越懒惰。等开学的时候就不适应了，精神状态也很差，重新调整又需要一段时间。

第二，室内外活动相结合。

有的家长觉得孩子放暑假了，担心孩子出去玩儿中暑，所以每天就让孩子在室内活动，一会儿看电视，一会儿玩电脑，一会儿玩游戏机，要不就是睡觉、吃饭。如此假期活动，不仅让孩子的生活很单一，更不利于良好生活习惯的养成。所以，室内外活动应该相结合，做到动静交替，劳逸结合。

第三，合理饮食。

孩子在幼儿园养成了科学配餐、营养均衡、荤素搭配的进餐习惯。但暑假在家里跟着家长或爷爷奶奶，往往就会挑食，甚至导致暴饮暴食，这对孩子身体成长和健康十分不利。

第四，遵循孩子的天性。

孩子的天性是什么？玩。相比获得知识，直观的体验更加重要。作为父母，我们更要遵循孩子的天性，想办法让孩子在玩中体验，在玩中学习，这才是真正的学习玩耍两不误。

第五，给孩子一个多元环境体验的机会。就像5楼说的，多带孩子去山村、草原，感受城市之外的生活，增加他们的生活体验和阅历，提高他们适应环境的能力。

暑假生活丰富多彩，楼主可以根据孩子的兴趣和需要进行适当的选择。但不管上不上暑假班，都要对孩子的暑假有一个合理的安排。不能过度紧张劳累，也不能整天无所事事。当然还要注意，不管在家还是外出，都要避免孩子发生任何意外伤害，让孩子在轻松、愉快的氛围中度过暑假。

幼小衔接要不要上学前班
——提早学习到底好不好

【纠结案例】

我女儿乐乐今年5岁，在幼儿园上大班。自从开学以来，她们班的孩子陆陆续续开始上学前班，学习数学、英语、拼音等小学一年级的内容。刚开始，一个班上只有三四个孩子在外上学前班，我觉得无所谓，但等到一多半都在“上班”时，我就有点儿不知所措了，陷入纠结之中。

从幼儿园到小学，孩子能不能适应小学的学习和生活呢？能不能跟上学校的进度呢？当老师讲课的时候，发现下面大部分同学反映此内容已经学过，老师会作出什么样的决定呢？是按部就班地继续教，还是根据多数学生的情况加快教学进度呢？后者的可能性也不能排除。如果真是这样，就意味着女儿一上学就落后了。可是如果孩子在学前班学过汉语拼音和加减法，一年级再学的时候，女儿会不会丧失兴趣，养成上课不认真听讲的坏习惯，影响今后的学习呢？

幼小衔接要不要上学前班？提早学习好还是不好？如果好，如何帮孩子选择学前班呢？希望大家多提宝贵意见。

家长帮话纠结

【不上学前班害处多】 来自：上善若水 1楼

我儿子没上过学前班，直接上的一年级。上学后发现什么都跟不上，做数学题，还要用手指头一个一个地数，做应用题，连题目都看不懂，更别提老师留的写汉字的作业了，拿笔的姿势都不对，写起来可费劲儿了。真后悔没让孩子上学前班。

我认为幼儿园和小学的教学完全脱节。幼儿园强调玩儿，学不学不重要；小学则不同，一年级的教材就很难。如果不上学前班，基本上跟不上课。我家孩子就是最好的例子，回家后经常莫名其妙地哭。

如果在幼儿园大班的时候多学点儿东西，一年级也不至于如此费劲儿。毕竟学前班都是按照一年级的正规上课安排的，这样就给了宝宝一个提早适应的机会，真上了一年级才不会手忙脚乱。

【知识还是早学好】 来自：峰回路转 2楼

同意楼上的看法。现在一年级的知识很深，如果不提前学一些预备知识，恐怕很难跟上。我家孩子在幼儿园只学会了单纯的计算，也就是所谓的大数记心法。孩子刚去学前班的时候，老师就讲解了分解组成的概念，孩子开始不理解，每次依旧用大数记心法做题，经过老师多次纠正，他才逐渐学会用这种方法。

孩子上了一年级之后，老师再讲分解组成，孩子就一点儿都不吃力了，回来还跟我说老师夸奖他了。

【大班能代替学前班】 来自：阳光幼儿园园长 3楼

我是一名幼儿园老师。其实，现在很多幼儿园都考虑到了幼小衔接的问题。为了让孩子顺利地向小学过渡，我们从小班、中班就开始着手，并在大班的时候强化培养孩子的自理能力、适应社会能力、完成任务能力、人际交往能力、解决问题的能力、自我控制能力等。为了让孩子在一年级遵守纪律，我们组织小朋友一起讨论，此外还会留一些作业，延长孩子们的上课时间。

一年级入学后，在老师的耐心指导下，一般两个月就能慢慢适应学校环境了。学龄前儿童最重要的是培养学习习惯、生活习惯、卫生习惯，如此才会有自信，才会懂得上进。那些不具备良好学习习惯的同学，即便上了学前班，一年级可能略显优势，但之后的学习成绩肯定不如具备良好学习习惯的孩子。曾听一个小学班主任这么说："其实在一年级，学习是次要的，让孩子养成良好的学习习惯才是最重要的。"

楼主更不用担心教学进度问题了，现在公立小学的所有课程都是按照教学进度进行的，不会因为孩子在学前班学过哪些东西有所改变。

【学前班还是别上的好】 来自：太平洋 4楼

同意楼上老师的看法。我觉得孩子的入学准备在幼儿园里就能满足，不要上学前班。现在学前班严格按照小学的作息制度和教学形式组织教学，不仅不符合孩子的生理，也不符合孩子的心理，孩子很容易产生厌学情绪。

再者，现在的一部分学前班根本不重视学生写字姿势的培养，导致孩子视力衰退。还有一些不正规的学前班，相当一部分教师发音不准、写字笔顺不对，导致孩子到小学后纠正起来非常麻烦。

还有，现在一些学前班的价格昂贵，而小学则是义务教育，不用交学杂费。不上学前班能省下不少钱。

【大脑开发最重要】 来自：牵你左手 5楼

我觉得对于学龄前儿童来说，最重要的是大脑开发，而不是简单的认识字、背诵古诗和算术。上一年级之前，只要在大班学点儿拼音、汉字、简单的数、量等数学知识，做到有效衔接就行。如果储备量过多，则会让孩子以为自己什么都会了，进而不认真听讲，这就得不偿失了。

【因人而异】 来自：嘟噜 6楼

上不上学前班，要因人而异，也要因校而异。所以，建议家长先去考察一些孩子即将就读的小学是什么情况，了解学校对刚入学同学的识字量、算术等各方面的要求。如果你觉得你家孩子的水平已经到了直接上小学的标准，就没必要花那冤枉钱了。如果孩子达不到标准，再考虑要不要上。而且，在上学前班的过程中，家长要帮孩子培养良好的学习习惯。比如，孩子不懂得“按时完成作业”里的“按时”是什么意思，就要给孩子讲解。做任何事情都有一个过渡的过程，家长也不能逼迫孩子，要想办法让孩子慢慢过渡到小学的状态中去。

【别用分数衡量孩子】 来自：海之泪 7楼

很多家长用分数衡量孩子，其实分数真的不重要。就像马拉松比赛中的选手一样，出发的时候跑在第一的人未必就是最后的冠军，起步的时候落后的人也未必就被淘汰。所以分数并不能代表孩子未来学习生涯是好还是坏。我们应该始终保持一种淡定的态度，通过帮助孩子分析为何得分，为何失分，巩固优点，摒弃缺点。

假如抱着这种心态面对孩子的学习问题，就不用为上不上学前班纠结了。一个人的习惯决定了一个人能不能成功，所以楼主还是先从培养孩子的习惯开始吧！

专家提示

到底要不要上学前班，给楼主如下建议：

第一，你家孩子要上的小学是不是正规小学，这所学校对刚入学孩子的要求有哪些？你家孩子是否符合他们的入学标准？如果符合了，就不用上学前班了，不符合就要去学前班“补习”，但是补习的内容不能太多，适量即可。

第二，你家孩子是否具备良好的学习习惯？握笔的姿势对吗？坐姿对吗？上课时能集中精神、认真听讲吗？一旦不具备其中某一点，家长就应该认真调教，等到孩子形成习惯后就麻烦了。

第三，你家孩子的年龄、行为习惯、生活习惯是否达标，这些都达标的孩子一般更容易适应小学生活。

第四，你有问过孩子的意愿吗？他是愿意提前进入“小学模式”，还是多享受一段时间的“幼儿园模式”？如果孩子觉得幼儿园的知识已经不能满足自己的求知心，就送他去小学吧！

第五，你是否放平过心态？你觉得分数重要还是能力重要？要懂得分数不代表能力的道理。孩子放学的时候，不要总是追究学习结果，还要多跟孩子讨论学习过程。

PART/ 02

生活习惯上，处在“规则”与“自由”的纠结中

要不要给孩子把尿

——强迫孩子排泄还是顺其自然

【纠结案例】

对于把尿的问题，我和公公婆婆的意见有点儿不合。

在宝宝4个月大的时候，婆婆就坚持给宝宝训练把尿，每次宝宝都哭，可婆婆还是坚持让孩子尿出来。我觉得这么做非常不好，孩子这么小，不应该强制他做什么，而是应该尊重他。而且，晚上把孩子叫醒后把尿，影响睡眠不说，还影响孩子情绪。没把尿之前的宝宝比较温顺，自从把尿后，脾气极其“暴躁”，一旦不满意就大哭。

跟婆婆沟通后，婆婆说：“你看夏天多热啊，孩子每天都用纸尿裤包着，屁股上都起红疹了，早点儿把尿，孩子就少受点儿罪。”婆婆的话倒也不无道理。

各位家长是怎么看待给宝宝把尿这件事的呢？觉得该不该训练宝宝把尿呢？如何给宝宝把尿？什么时候进行把尿训练最好呢？

家长帮话纠结

【把尿造成宝宝心理压力】 来自：苦瓜边缘 1楼

楼主家孩子还这么小，把尿肯定会给宝宝造成心理压力。有时候没有尿，可是大人一个劲儿地嘘，导致宝宝情绪紧张，影响孩子良好性格的形成。再说，晚上把尿，不仅影响孩子睡眠，大人也休息不好。至于楼主担心的红疹问题，只要用质量好的尿裤，再涂抹一些防止尿布疹的药膏就不会长疹子了。

【把尿好处多】 来自：桓榕 2楼

中国把尿的传统流传了这么多年，肯定有一定的道理。所以我认为还是要把尿，这样才能养成良好的生活习惯。我婆婆告诉我说，3个月宝宝尾椎骨稍长好后就可以开始把尿了，所以，我家宝宝从3个月就开始把尿了，现在已经习惯了，很有规律。到了晚上想要尿尿的时候就叫人或是哼哼。

把尿有很多好处，不仅有利于宝宝养成及时表达便意的好习惯，对将来上幼儿园也有帮助。其实，我给孩子把尿还有一套自己的理论：就是不能太频繁，否则孩子容易尿频。晚上把两次就好，一次是睡觉前，一次是午夜12点左右，一般情况下，孩子都能坚持到早上6点。头几天孩子多少会有些抵触情绪，大人不能因此心软，要坚持住，过几天就好了。

【把尿虽好，但要控制时间】 来自：刀刃上飞舞 3楼

把尿虽好，但要控制好时间。我的意见是白天可以把尿，晚上则应该穿纸尿裤。睡前可以把一次，还应该控制好孩子的饮水量。总之，别轻易唤醒孩子尿尿，以免孩子产生抵触情绪。

【我是把尿派】 来自：烜赫一世 4楼

我家孩子从满月就开始把尿了，并没有出现1楼所说的心理不健康等现象。把尿有诸多好处，听我慢慢道来：

第一，把尿让宝宝更舒服。不管是尿布还是纸尿裤，孩子尿湿或者大便之后，往往很不舒服。不用那些东西，宝宝长尿布疹的概率才小一些。

第二，培养宝宝的自我独立意识。随着宝宝的长大，要慢慢鼓励他到“马桶”进行大小便，而不是每天为了穿纸尿裤跟他说个没完没了。

第三，提升亲子关系。把尿能让父母更了解宝宝的需求，让亲子关系更加紧密。

第四，不仅环保，还能减少开支。减少纸尿裤的使用，不仅对环境有益，还能节约家庭开支。

第五，促进大脑发育。

【把排泄的自由还给宝宝】 来自：水桶 5楼

反对楼上说法，自主排泄和爬行、走路、说话一样，每个孩子都应该按照他自己的时间来掌握。古人之所以提前训练把尿，是因为那时没有纸尿裤，妈妈们要花费很大精力去洗尿布。所以，孩子早断奶、早控制大小便就成了妈妈能干的标志。但现在不同，纸尿裤这么方便，为何还要强迫孩子呢？

我们应该多一点儿耐心，等孩子生理和心理都准备好了，他自然就能控制住了。楼主家孩子那么小，即使学会了，也只是条件反射，当孩子听到某种声音或听到某句话后，下意识地就尿了。这个过程跟大脑的控制与否没关系，并不能促进大脑的发育。

【我是尿裤派】 来自：亦神亦心 6楼

我是美国人，我老公是中国人，所以也曾为把尿问题发生过争执。

在西方国家，很少有妈妈给孩子把尿。原因如下：

第一，在孩子不满18个月的时候，没办法控制自己的膀胱和排便系统。大多数宝宝属于无意识地上厕所，所以不能强求。

第二，把尿太浪费妈妈的时间和精力。总得记着给孩子把尿，一旦忘记，孩子就尿裤子了，相当于没训练。想要训练好孩子的排尿和排便，必须有足够的时间和精力才行。

第三，宝宝会抗拒。孩子在把尿的过程中多少会有些许抗拒，小的时候或许不明显，等长大了就会非常明显。有的家长在强迫的过程中还会训斥、责备，孩子容易产生心理问题。

【认真观察孩子排泄欲望】 来自：青草幽幽（育儿专家） 7楼

孩子在一岁半到两岁之间肾脏发育才基本完全，才会对大小便产生自控意识。在此之前，多为“随心所欲”的状态。最好不要强制把尿，以免影响孩子发育。所以，把尿要在孩子有排便或者排尿的欲望之后再进行，宝宝一旦反抗就要停止，切勿强求。

还要了解好孩子排便和排尿的欲望。妈妈们只要细心观察就会发现，每个孩子在排泄之前都会有自己特殊的表现。比如有的会使劲儿，有的会面色凝重，小男孩的生殖器会变大，等等。此时把尿、把便，孩子才不会抵触。

【选择适合训练的最佳时期】 来自：吊儿郎当帅 8楼

同意楼上的说法，对排泄的训练，要选择一个适合宝宝的最佳时期。一般来说，当宝宝有以下信号时，就预示着可以进行排泄训练了。

（1）宝宝在尿后或者便后感到不舒服，会通过语言或动作表达出来，比如拉扯尿湿了的尿布或纸尿裤，扭来扭去，有的还会哭。

（2）孩子在排泄前可能通过语言、动作等方式表达自己的意愿。比如他想大便，可能突然涨红脸，想小便，可能夹紧双腿等，或者直接告诉你他想干什么。

（3）孩子在午睡时间能保持不尿了。

（4）孩子喜欢模仿大人上厕所，开始对马桶感兴趣。

当你的孩子有以上几种迹象时，就要开始训练孩子正常的排泄了。可以选择一些外形漂亮、吸引小宝宝注意的尿桶或坐便器，引导孩子排泄，让孩子自主自愿地学习上厕所。当孩子能控制排尿和排便时，应该及时表扬，让他产生一种自豪感，这样宝宝才更愿意自己上厕所。

专家提示

综上所述，“排泄训练”是迟早的事儿。楼主家孩子既然出现了明显的抵触情绪，就不要勉强了。专家认为：一岁半到两岁之间才是训练孩子控制小便不再尿湿裤子的最佳时期。楼主家孩子才4个月，这么小，要尊重孩子的排便自由，孩子才会感觉幸福。但也要注意，每天给孩子一段透气的时间，比如刚排完小便，可以暂时不穿纸尿裤。另外，多清洁宝宝屁屁，保持干爽，如此才会避免尿布疹的发生。

干家务“帮倒忙”怎么办
——引导孩子“帮到忙”

【纠结案例】

我家炯炯最近不知道怎么了，特别热衷做家务。每天早晨起来都要帮我叠被子，可孩子叠出来的被子奇形怪状。我一边担心孩子上幼儿园晚了，一边担心我上班迟到，每次都说：“炯炯乖，妈妈叠得快，你以后再玩儿，好吗?”周末我们都休息的时候，孩子更是乐此不疲，但每次都是越帮越忙。帮着扫地，碰翻了垃圾桶；帮着刷碗，打碎好几个碗；帮着洗衣服，弄得地上哪儿都是水。好不容易休息一天，都用来收拾“残局”了。

昨天晚上，同事小赵到我家来玩儿，炯炯一看是熟人，就忙活开了。一会儿给阿姨拿苹果，一会儿说赵阿姨您吃糖吧，小赵就夸他是个懂事有礼貌的好孩子。炯炯听了，更起劲儿了，什么都想插手。我去倒水的时候，他非要坚持由他端过来给赵阿姨。我执拗不过，只好嘱咐他慢点儿，别把水弄洒了。结果意外还是发生了。杯子掉在地上，水洒湿了赵阿姨的皮鞋。我一看这种情况，忙说：“不好意思，不好意思。”然后冲着孩子说了一句：“让你慢点儿走，你跑什么啊，看看，把阿姨的鞋子都弄湿了。快去看动画片吧，不要你帮忙了。”炯炯满脸委屈，转身回到了自己的小房间。小赵见状急忙安慰，炯炯这才喜笑颜开。

小赵又对我说了一堆大道理，说孩子正处于热衷干家务的时期，大人应该鼓励，不能不让孩子做。

面对炯炯的帮忙，有时候觉得孩子还小，怕给累坏了。有时候觉得他太碍事了，很不耐烦，真想把他拨拉到一边，鼓励他“坐享其成”。可小赵的建议也对，如果什么事情都不让孩子干，孩子会不会没有责任心呢？

家长帮话纠结

【绝对支持】 来自：琳琳 1楼

会不会干和让不让他干是两个问题。我支持每个孩子都会做家务。

像炯炯这样主动热情来帮助大人做事的孩子，既反映出他有礼貌，也说明是他想作为小大人，显示自己和大人一样可以干事情。3岁恰是助人为乐精神、劳动意识以及责任心萌芽时期，如果阻止孩子做家务，就相当于阻碍他们助人为乐精神、劳动意识以及责任心的发展。

【孩子帮忙做家务意义重大】 来自：叶玲珑 2楼

楼主应该摆正自己的心态。

我们教孩子做家务，并不是为了减轻我们的负担，而是为了促进孩子全面发展。能收拾出一个干净的厨房固然重要，但孩子从中得到的东西，远远不止做家务本身。

第一，可以帮助培养孩子提高协调能力和控制能力。

楼主家炯炯正处于模仿期，如果你不让他跟在你屁股后边帮倒忙，他也会自己来。恰恰是劳动促进了孩子的模仿和观察能力。孩子在劳动中所进行的动作有助于孩子提高协调能力和控制能力，特别是对精细动作的发展是非常好的促进。炯炯这次端水摔了杯子，下次就会懂得慢点儿走。此外，让孩子承担起自己力所能及的事情，孩子就会懂得自己在家中应该有自己的分工，培养出孩子的责任心。

第二，让孩子学会分享、富有爱心。

即使我们不需要孩子做什么，也要安排一些简单的家务，告诉孩子“妈妈需要你帮助”，等孩子做完了，你要跟孩子说“谢谢”。当他需要帮助的时候，才会谢谢你。

当孩子做家长交付的“任务”遇到苦难时，家长也要主动问：“炯炯，你需要帮助吗?”让孩子学会与人分享、富有爱心。

第三，有助孩子独立人格的形成。

在孩子帮你做家务时，他会意识到自己的价值，比如说：“你看，是我把地擦干净了。”这种劳动成果会让孩子富有成就感，从而建立起自信心。等孩子能自理的时候，更有助于独立人格的形成。

第四，学到很多日常生活中的科学知识。

通过做一些适合孩子年龄和发展水平的家务事，孩子可以发展计数、分类等认知能力，学到很多日常生活中的科学知识。这些都在为孩子以后的成长打基础。

第五，加强亲子关系。

其实，孩子这么小，真正做家务的成分少，玩的成分多。劳动只不过为他们提供了一个游戏的自然情景。细想一下，孩子一天没见到你了，很想和你待一会儿，就当做家务是在玩游戏吧。参与其中，才能培养更深层次的亲子关系。

【正确应对孩子的“一团糟”】 来自：默默的爱 3楼

纠正楼主的几个错误看法：

首先，孩子之所以干家务，并不是真的想帮倒忙。他希望自己像你一样长大成人，只不过他高估了自己的能力。他希望外人夸赞自己，希望你注意到他。

其次，当孩子把家务做得一团糟的时候，不要发火，要努力克制住自己的怒火和唠叨。孩子打坏了杯子，你不应该指责他，应该问他：“你有没有受伤?”让孩子知道：“原来，我比那摔坏的杯子重要一百倍。”

再次，当“一团糟”出现的时候，让孩子为自己的行为负责，和你一起打扫战场。当然，要小心玻璃扎到孩子。

最后，不要说“不要你帮忙了”这样的话，孩子会因此丧失热情和自信心。等他遇到自己没有尝试过的事情，第一个想到的就是“做不好会丢人，还是不做了吧”。从此，他将袖手旁观，成为家庭生活中的享乐派。

【鼓励，帮助孩子的妙招】 来自：星星 4楼

楼主不该拒绝炯炯的帮忙，而是应该鼓励他，帮助他。一个成功的妈妈，总是有办法让“帮倒忙”的小捣蛋变成“帮到忙”的小帮主。如果我是楼主，我会这么做：

清晨起床，孩子帮忙叠被子，可他却会耽误我上班的时间。我就会告诉孩子，如果你想要整理被子，就要比原来提前10分钟起床。

我洗衣服时，孩子也拿出洗衣粉洗。为了防止他把房间弄得乱七八糟，我给孩子准备了一个小盆，盆里放上水，把孩子的小毛巾放入盆中，教给孩子洗衣服，还给他划分了一小块地方，互不干扰。

孩子扫地总是碰翻垃圾桶，或者打碎花瓶。我看到孩子吃力地拿着那些扫地工具，有点儿心疼，就到超市买了一个小扫帚。孩子很喜欢，

用着越来越顺手。

我拖地的时候，孩子也会主动过来帮忙，可他拿着拖把把水弄得到处都是，毕竟这项家务不是他能胜任的。于是我找了一些简单的事情让孩子做，比如，我拖地时，就让孩子把小凳子挪开或把鞋子摆好；我晾衣服时，就让孩子把衣服一件一件从盆里拿出来。当然，等孩子忙完，还要对孩子说“谢谢你帮助妈妈”或者“多亏了你帮忙，没你还不行呢”。不仅培养孩子参加劳动的积极性，也让孩子收获自信。

【每天只做一件事】 来自：唯爱可可 5楼

对付孩子的越帮越忙，我的经验是，每天只让她干一件事。

我闺女3岁的时候也很喜欢“帮倒忙”，于是我告诉她：“宝宝是个好孩子，都懂得帮助妈妈了。不过你现在还小，一下子做不了那么多事儿。不如你每天只负责一件事，只要把这一件事干好了就行，成吗?”女儿答应了。

第一天，我教她整理自己的书包。起初孩子总是丢三落四，过了一段时间就熟练了。我就给她找了一份“新工作”——每天给家人摆放筷子。等做好了，就教孩子摆放鞋子。

每天只做一件事，不仅培养孩子的专注，隔断时间换一项新事物，也使她乐此不疲，不断在劳动中学习新的技能。

【接受最坏的结果】 来自：木头 6楼

我家孩子可不像楼上那几家孩子那么听话，不管你怎么说，他都坚持去做那件事。比如，我不想叫他拖地，可他非拖不可，我就只好叫他拖。在拖的时候，我就觉得孩子可能会把地板淹了，就告诫他，如果弄得哪儿都是水，他就要为自己的“劳动”埋单，承担起应负的责任。当你所想象的后果真的发生了，不要发怒，对自己说这没什么，孩子能从劳动中获得经验更重要。

此外还要考虑到哪些家务危害到孩子安全，比如清洁电视，孩子会不会碰触到接线板。当你考虑到这些危险时，就要努力避免危险的发生。

专家提示

综上所述，孩子帮忙做家务，是一个不断学习和摸索的过程，是孩子热爱生活、体贴父母的表现。所以，即使越帮越忙，我们也要鼓励孩子积极参与其中。多动脑子，运用自己的智慧，选择合适的方法，多一份耐心和宽容，让孩子在劳动中健康成长。

孩子到处涂鸦，管不管
——引导孩子搞“破坏”

【纠结案例】

我家西西已经两岁了，活泼好动。最近只要发现大人拿笔写东西，他就要抢着拿笔，而且到处乱画。趁我们不注意的时候，墙壁、沙发、床单、衣橱、家用电器，到处都是他的“即兴之作”。孩子爸爸为此严厉地训斥了他一番，并警告他以后不准乱涂乱画。晚上等西西睡着，我更严厉地批评了孩子爸爸：“孩子乱涂乱画是好现象，说明孩子的求知欲强，让其随意发挥，说不定能成为大画家呢！不让他画就是扼杀了他的创造力和想象力。家具不值钱，等孩子大了再换新的就成了，他爱画就让他画。”孩子爸爸虚心接受了我的意见。

从那天开始，孩子就开始了“即兴创作”的生涯，到处都是他的“真迹”。孩子最喜欢在墙上创作，因为墙很大，他可以随意发挥。而让我感到意外的是，平时连 10 分钟都坐不住的孩子一旦开始“作画”，竟然能坐半个小时之久。这期间也不闹腾，就安静地画。

可后来孩子还是闯祸了。他趁我去热饭的 3 分钟里跑到了爸爸的书房，在一份很重要的合同上画了好多“画儿”，等我发现的时候已经晚了。孩子爸爸回来就是一顿猛批，说我根本不应该让孩子拿笔，孩子越来越没规矩了。可我觉得孩子挺有天分的，不让画岂不埋没了天才？即使不是天才，只要孩子能在涂鸦的过程中感觉到快乐，就不能阻止他。

怎么办，到底该不该让孩子到处涂鸦呢？

家长帮话纠结

【孩子涂鸦好处多】 来自：小楼听雨 1楼

孩子爱涂鸦，不但不应该制止，反而应该支持。因为孩子到处涂鸦有很多好处。

第一，可以帮助孩子练习手、腕部的诸多关节与小肌肉群协调动作，更有助于孩子以后使用筷子、勺子、毛笔等。

第二，涂鸦可以发展孩子的想象能力和创造性思维。涂鸦和语言一样，传递着孩子的情绪与感觉。通过涂鸦，孩子可以不受任何限制，根据直觉挥洒他的创意，并从中获得创作的乐趣与成就感。

第三，孩子通过涂鸦宣泄自己的情绪。楼主家孩子已经有了自我意识，如果仔细观察，会发现孩子高兴时所画的东西和不高兴时所画的不一样。当他们不懂得如何表达自己的时候，父母可以通过涂鸦与孩子沟通，以此了解孩子的内心世界。

【妈妈指导孩子画画】 来自：狼色妖姬 2楼

支持楼上的说法。但是楼主不能让孩子自己凭空瞎画，应该参与到活动中去，有意识地指导孩子看过再画。这样不仅训练孩子的观察力，还能加深孩子对事物的了解程度，增强眼睛、大脑、手的协调能力。

喜欢涂鸦的孩子，一般都会有意识地留意身边美好的事物，并且会想办法通过自己的涂鸦将这种美好事物表现出来。在这个过程中，孩子的审美意识会得到很好的提升。

【千万不可扼杀孩子想象力和创造力】 来自：秋天的伊伊 3楼

我家孩子在墙上乱涂乱画的时候，我就问他：“如果有人在你脸上乱画，你会不会生气，你觉得好看吗？”孩子说：“不好看。”然后我就接着说：“你看沙发和墙壁也很不开心，都在生你的气呢，因为你把他们的脸画脏了。”孩子笑着对我说：“我要和它们做朋友，不画了。”然后我给孩子买了一块画板，准备了一些废旧报纸和挂历，让孩子想写想画的时候就到那里乱涂乱画。孩子最终改掉了乱写乱画的习惯。

我家孩子比较听话，跟他讲道理一般都听。楼主家孩子貌似没那么好管教，所以建议用别的方法。但不管是哪种方法，都要以不扼杀孩子的创造力和想象力为前提。如果楼主家孩子实在喜欢在墙上画，那也无可厚非，等孩子长大改掉这个习惯之后，再和孩子一起把墙刷白，挺好的过程。

【改掉乱涂乱画的坏习惯】 来自：柠檬咖啡 4楼

虽然孩子涂鸦有这么多好处，可是乱涂乱画却是坏习惯。如果能及时改掉这个毛病，就能避免下次“毁合同”事件的发生。楼主可以从以下几方面引导，从而培养孩子良好的绘画习惯：

第一，为孩子提供充足的绘画用品。

孩子之所以会乱涂乱画，有很大一部分原因是因为家长没有及时给孩子准备绘画的工具。孩子在找不到绘画工具的情况下，只能在他们认为可以画的地方画，以此来满足自己的绘画欲望。

想要孩子改变乱涂乱画的毛病，可以先带孩子一起去采购绘画工具，让孩子自己挑选自己需要的东西。如水彩笔、绘画本等。尽可能多购置些绘画工具，以此满足孩子的涂鸦兴趣。回家后告再诉孩子如何正确使用这些绘画用品，尤其要提醒孩子不能将颜料和笔放在嘴里。

第二，明确告诉孩子哪里能画，哪里不能画。

拿出画过的床单和没画过的床单作对比，告诉孩子被画过的地方不仅脏了，也不漂亮，而且很难清洗。告诉孩子涂鸦虽然很好，但是只能在纸上画，在专门的地方画，不能到处乱画。还要明确指出，沙发、床单、衣橱等地方是绝对不能画的。

第三，如果孩子依然故我，到处涂鸦，就要给予一定的处罚。

当孩子在不该画的地方画画时，除了纠正以外，还要让他承担一定的后果，比如没收绘画工具，或让孩子自己处理干净。诚然，清理干净是不可能的，这只是为了让孩子明白他画的东西是多么不好清洗，下次他就不会在床单上画了。

【找到孩子最适合的方法】 来自：海绵宝宝 5楼

我家孩子也很喜欢拿着铅笔、蜡笔到处涂鸦，起初我们觉得孩子这样很可爱，但后来他把墙面搞得不堪入目，我就坐不住了，于是想了些办法，既不把家里搞脏，还能为孩子保留一块自由创作的天地。

我给孩子买来各种画纸，告诉孩子必须在这上面画。可是孩子总嫌画纸不够大，限制了他的创作空间。为此，我不得不添置了一块大黑板和很多粉笔。可孩子貌似不喜欢这块黑板，倒是对我家厨房的白瓷砖情有独钟。我又想到如果用水彩笔在白瓷砖上画画，很容易就擦掉了，立即行动购买了各种颜色的水彩笔。

想不到这一招还真奏效了，孩子有了自己的画画的空间，再也不到处提笔了。真是一举多得！家里美观了，我打扫他的涂鸦痕迹也很方便，而且孩子的绘画才能也得到了发挥和进步。

【引导孩子涂鸦方法多】 来自：圆圆妈 6楼

除了楼上说的那几种方法，楼主也可以这么做：

在墙面张贴纸张，孩子可以站着画、坐着画。用完后还可以装订成画册。也可以准备一些废旧报纸、挂历来画。有条件的话，给孩子弄个“绘画室”，里边的墙壁可以随便画，但出了“绘画室”就不能画了。

如果你觉得让孩子在固定的空间涂鸦影响他的发挥，可以将自己家的墙面都换成可擦洗的墙面。可以直接在上边画，也可以将画好的画任意贴在上面。当然，这种方法需要有足够的经济实力。

【顺其自然】 来自：冰封雪莲 7楼

作为家长，我们应该鼓励和帮助宝宝正确、快乐地涂鸦：

第一，不该干涉别干涉，该“干涉”一定要“干涉”。

有的家长过分干涉宝宝，只让孩子在纸上画，难免减少了宝宝对涂鸦游戏的乐趣。所以，不该干涉别干涉。如果孩子希望你参与其中，可你却拒绝了，这对宝宝来说是一种打击。当宝宝感到气馁的时候，我们父母更应该第一时间出来给予帮助，多加鼓励，以增强宝宝的自信心。这就是该“干涉”一定要“干涉”，不能视而不见。

第二，家长参与到游戏中，激发孩子的创意和想象。

可以借用他画好的作品说故事，然后让孩子根据故事的情节在原有的画面上添加一些新的东西，以激发他的创意和想象力。

专家提示

楼主家孩子是喜欢涂鸦的极端，孩子的脑部发育不够完善，对物体的构造形象不够清晰，因此才会到处乱涂。楼主老公不应该批评孩子，而应该引导他在适当的地方画，让他对画画感兴趣。其方法有多种，总结如下：

第一，为孩子提供充足的绘画用品。

第二，明确告诉孩子哪里能画，哪里不能画。

第三，如果孩子依然故我，到处涂鸦，就要给予一定的处罚。

第四，家长参与其中，鼓励、引导孩子正确、快乐地涂鸦。

该不该给予物质奖励

——注重物质奖励还是精神激励

【纠结案例】

去外地出差，一个星期没见到儿子了，十分想念他，就跟妻子一起接儿子放学。儿子一看到我就往怀里扑，还说：“爸爸，您看看，我的作业得了6个五角星呢！”

我笑着回答孩子：“真棒，告诉爸爸你想要什么玩具啊，爸爸给你买。”我说完这话，妻子马上冲我泼了一瓢冷水：“不要动不动就拿玩具来管理孩子！”碍于路人比较多，我也没多说什么，回到家中，对妻子振振有词地说：“现在生活条件好了，只要孩子学习好，咱不能在物质上亏待了孩子才是。而且你没看到儿子每次得到新玩具都非常开心吗？”

“你想没想过，如果总把买玩具当做孩子学习的诱饵，会使孩子把心思用在如何换取奖品上，孩子是真的喜欢学习吗？等有一天他不喜欢玩具了呢？你还拿什么跟他换？”

妻子说的话也不是没道理，可我觉得孩子既然如此优秀，就该奖励，如果不奖励，孩子哪里来的动力呢？到底如何给孩子正确的鼓励呢？

家长帮话纠结

【有物质鼓励才会有动力】 来自：可爱花香 1楼

我支持楼主的观点。孩子既然如此优秀，就应该满足一下，纵然学习是孩子的事儿，但适当的物质鼓励才会激起孩子的动力。你不买孩子就会失望，觉得写得好跟写不好都差不多，对写作业的兴趣就会减弱。楼主妻子的说法有点儿多虑了，等孩子长大了不喜欢玩具了，肯定会喜欢其他的东西。比如自行车之类。凡是我们力所能及的东西，只要他提出来了，我们就不该拒绝。但是如果他提出来的条件超出了你们的能力范围，那不妨告诉孩子，想要什么，就努力学习，等长大了自己挣钱买。

【物质奖励过多容易产生负面影响】 来自：天晴了 2楼

楼上的说法是错误的，如果长期采取“物质奖励”，很容易让孩子产生一种依赖感。一次奖励得到后，以后每次都会要求家长给予奖励，否则就会失去学习的动力。而且，长期的物质奖励还会让孩子产生错误的观念，认为好好学习是为了家长，为了得到奖励。

此外，经常给予物质奖励会对孩子进入大学自主学习产生很大的负面影响。一旦在同学中形成攀比风，不仅让孩子过早地“拜金”，还会影响孩子的品格。

【慎许诺言】 来自：温顺的小洁 3楼

我觉得楼主对孩子要慎许诺言。当你答应了孩子之后，就一定要想办法做到。因为家长有时为了让孩子高兴，经常随便答应孩子的要求，但自己说过的话很快就忘了，可孩子却一直把这件事放在心上。如果言而无信，就会对孩子产生伤害。

又如，你原本答应给孩子买一辆大的玩具“坦克车”，结果因为身上带的钱不够，只买了一辆“小轿车”，孩子还会不会对你那么信任和尊敬呢？会不会觉得你说话不算数呢？

【别让物质奖励阻碍孩子的兴趣】 来自：水晶鱼 4楼

心理学上有过一个著名的实验：心理学家挑选了一些喜欢绘画的孩子，并将其分为两组。他对A组的孩子说：“如果你们画得好，就会得到一块巧克力。”对B组的孩子说：“我只想看看你们的画。”两个组的孩子都兴高采烈地画了自己喜欢的画。然后A组的孩子们得到了巧克力，B的孩子们只得到了几句赞语。可3个星期后，心理学家发现，A组的孩子们大多不主动绘画，绘画兴趣也明显降低。而B组的孩子则仍和以前一样愉快地绘画。

从这个实验可以看出，物质奖励固然可以强化某种良性行为，但它却降低了孩子们的绘画兴趣。所以，楼主要小心你的孩子只对“玩具”感兴趣，不爱学习。

【放弃奖励，给予激励】 来自：小兵他娘 5楼

经常听到幼儿园的老师对孩子说：“你的圈圈画得很圆”，“你今天吃饭很快”，“你今天来得很早。”孩子们听后大多兴奋许久，还会告诉家长，第二天争取画得更圆、吃得更快、来得更早。可是楼主如果奖励他一辆玩具车，就不会收到这样的效果。

不论成年人还是孩子，除了物质需求外，还有被人尊重、被人爱、被人认可等多方面的精神需求。因此，家长在选择激励方式的时候，不妨多给孩子一些精神激励。如果孩子某件事做得不好，说“孩子，加油!”比“如果你做到了，我给你10块钱”更有效果。

精神激励的方法有语言和方法两种。低层次的激励是语言激励，高层次的激励则是行为上的表达。有时候，一个满意的微笑、一个赏识的眼神，或许会让孩子铭记一生。

放弃物质奖励，给予精神激励，不仅可以增强孩子信心，还能最大限度地发挥孩子的潜能，提高孩子学习的主动性和积极性。

【给楼主支招】 来自：梦里花落 6楼

奖励孩子的方法太多了，给楼主支几招：

（1）如果非要给孩子买点儿什么物质的东西，最好是一两本故事书或者其他学习文具之类，千万别让孩子单纯地将物质因素作为自己的学习动力。

（2）根据孩子的兴趣爱好奖励，比如孩子喜欢兵器，那就买一套兵器图书；孩子喜欢玩具汽车，就买一套变形金刚的书。

（3）带孩子去文化宫、博物馆或者风景名胜区旅游、参观，多陶冶孩子性情，给孩子一个美好的心灵和一个充满希望的未来。

【奖励孩子的正确方法】 来自：悟空 7楼

奖励孩子也是讲究方法的：

首先，让孩子读懂你的心、你的脸。有的家长明明心里赞扬孩子，可脸上却不表现出来，这样在孩子看来，他的“成功”在你眼里根本不算什么，就会挫伤学习的积极性。

其次，奖励一定要及时。孩子的“成功”要及时表扬，否则只会挫伤他们的积极性和自尊心，因为他们会感到自己在父母心中没有位置。

最后，说清楚为什么奖励孩子。当你觉得孩子的画色彩搭配得好，想要奖励他时，要把原因说清楚，否则孩子就会以为是因为画画得到了奖励。于是，为了得到更多的奖励，孩子就开始大量画画，重量不重质，父母的奖励也就没达到目的。

专家提示

奖励孩子的方法有很多种，一般来说，包括：物质奖励、精神奖励、情感奖励以及活动奖励。物质奖励包括：买玩具、零食、服装等；精神奖励包括：鼓励、肯定、满意、尊重、欣赏等；情感奖励包括微笑、拥抱、抚摸、鼓掌、拍肩等；活动奖励包括：和家长去公园、听大人讲故事、和小朋友做游戏等。

楼主对孩子的奖励也应该多样化，并不仅限于物质奖励。把主导权让给孩子，让他们选择一件自己喜欢的东西或者喜欢做的事。但是要注意的是，任何物质奖励都不能替代拥抱孩子或者口头表扬，因为这个时期的孩子对这些感受最深。

孩子的无理要求要不要满足
——训斥还是不答理他

【纠结案例】

妞妞是单亲家庭，没有爸爸的妞妞在我眼里很可怜，为了弥补这个缺陷，她要什么我就给什么。昨天晚上，我给她做了土豆炖牛肉，可她想吃比萨。我实在太累了，就对她说：“妞妞，妈妈太累了，明天再去成吗?”妞妞大喊：“不行，不行，就得现在去!”我说：“妈妈今天上班可累坏了，下班又做了饭，实在太累了。明天再去吧!”妞妞根本不听，接着又哭又叫又闹。我很无奈，最后屈服了。

可是，今天妞妞在幼儿园里干的一件事，让我意识到我可能做错了。据老师说，下午小朋友们都在一起做游戏的时候，妞妞突然大叫肚子疼。老师急忙跑过去，要抱她去看医生。可妞妞却死活不去，还大喊：“我要妈妈带我去，老师，你去打电话叫我妈妈来，快点儿，我快疼死了!”老师拗不过妞妞，只好给我打了电话。当我好不容易给单位领导请了假，风风火火赶到幼儿园的时候，妞妞竟然冲我哈哈大笑起来，还说：“我根本没事儿，只是骗老师的。我只是有点儿想妈妈了。”听完她这话，我火不打一处来，狠狠地训斥了她一顿。想不到，她竟然当着所有老师的面在地上打起滚来，让我相当难堪。

我家孩子现在3岁，却总是提一些无理要求。一旦拒绝，她就大哭大闹。批评也不管用，到底该怎么办呢？

家长帮话纠结

【给予适当的惩罚】 来自：金凤凰 1楼

楼主家孩子如此任性，光讲道理没用，应该给予适当的惩罚。

罚也有很多种方法，比如，打、面壁、罚站等。我个人觉得，打孩子只能让孩子感觉你是“霸权主义”，容易影响孩子的心理健康。我家一般都采用讲道理、面壁罚站的方法。在罚孩子之前，一般都会告诉他他哪里做错了，为什么罚他。当他自己意识到自己的错误，就会主动来跟我承认错误。但是楼主家孩子貌似没那么听话，如果楼主真罚她，她一定哭。她哭的时候你就告诉她：“罚站10分钟，什么时候哭完了什么时候开始计时。”要狠下心，不能什么都惯着孩子，有时候过度的“宠爱”就是伤害。

但是惩罚之后，要让孩子知道父母是爱他的。等下次孩子自觉改正的时候，要表扬他，增强孩子的自信心。

【从小拒绝，避免误入歧途】 来自：路过小贝 2楼

理解楼主的心情。我也是单亲妈妈，但是对孩子的无理要求，我都会拒绝。如果事事都满足他们，他们就不懂得去控制自己，等有一天他的欲望得不到满足时，就会产生扭曲甚至变态的心理。父母不可能照顾他们一辈子，也不可能保证他们的要求永远得到满足。当这种情况出现时，孩子可能会动手打妈妈几拳。俗话说：“惯子如杀子”，今日一味

的满足，只会让孩子更加肆无忌惮，所以，该拒绝的时候就要学会拒绝。

楼主家孩子现在才3岁，尽管会因为你的拒绝难受，最多就是痛苦一番，严重些就是在地上打滚，可要是等她大了再说，她或许会选择离家出走、自杀、跳楼……到时候孩子就是在利用你的爱威胁你了。

【转移注意力】 来自：邂逅之后 3楼

3岁孩子的注意力容易转移，当孩子提出无理要求的时候，可采用转移注意力的方法。比如，当你家孩子非要去外边吃比萨的时候，你就装出急切的样子，说：“坏了，坏了，妈妈肚子疼，你快去帮妈妈拿药。”孩子一般都会被妈妈的话和行动所吸引，注意力转移到了妈妈身上，就不再坚持非要吃比萨了。

还有一种方法就是告诉他比萨店关门了，他也就不再坚持了。

【即使是公共场所，也别理她】 来自：潇潇笑 4楼

楼上的方法固然不错，但只是治标不治本，所以不支持楼主听她的建议。

我家孩子小时候也跟妞妞一样爱闹脾气，尤其喜欢在公共场所闹脾气。记得有一次，我带她逛超市，她想买一种添加了很多色素的饮料，我告诉她这个不能买，喝了肚子疼，不卫生。她很生气，竟然躺下来哭闹。我没生气，在旁边若无其事地等着她。在等她的过程中，我还逛了逛超市里的其他商品。她看到我不理她，哭闹得更厉害了，路过的人都在看她。我还是不管她，等她不哭了，我就蹲下来，用商量的口气问她：“咱们走吧！”她以为我要妥协了，又开始哭闹，我又跟个没事儿人一样，走开了。这样几个回合后，她大概累了。我又问她：“好了吗？可以走了吗？”她意识到再闹也就这样了，就乖乖地站起来了。我拉着她高兴地走了，就像什么事情都没发生一样。

从那之后，只要我说不买的东西，她就没再坚持过，非常听话。

不要觉得孩子小，其实他们能从父母的言行甚至一个眼神里读懂，她的要求“有戏”还是“没戏”。如果你满足了他一次，就必须满足他第二次、第三次，否则“一哭、二闹、三要赖”的戏码就会不断上演，倒不如一次让她哭个够，把她的这种不良思想扼杀在萌芽状态。

【态度温和、语气坚定】 来自：岩石 5楼

我家孩子也曾出现过这种现象，我是这么做的：

第一，态度温和而坚定。当孩子的某些行为让我很生气的时候，我也会温和地告诉孩子：“我已经很生气了。”

第二，坚持就是胜利。楼主家孩子已经养成了无理取闹的习惯，一个坏习惯的纠正是需要时间的。在这个过程里，孩子会反复用原来的方法，既是习惯，也是试探，所以楼主一定要坚持下去，不要因为某一天的好心情让孩子钻了空子。

第三，事先明确告诉孩子。如告诉孩子，如果家里做饭了，就尽量不去外边吃。去超市前告诉孩子哪种东西不能买，如果孩子要买，就不能去超市了。

【最重要的是玩儿】 来自：杜毅力 6楼

楼主对孩子的一味满足助长了孩子的“自我为中心”，容易使孩子变得自私自利，完全不懂对父母的感激，认为一切都是理所当然的。因此，要用正确的方法，让孩子明白，人要学会控制自己的欲望。

方法一：冷处理

当妞妞提出不合理要求时，建议楼主采取冷处理。就拿吃比萨这件事来说，先说清楚你拒绝她的理由，因为自己太累了。如果孩子坚持去，你就应该坐下来吃饭，不去理她，但是要留意孩子的安全。不管孩子怎么哭，都别去哄劝。等孩子哭够了，就乖乖坐下来吃饭。而且，孩

子还能从你坚决的态度中了解到，哭闹是没用的。像楼主那样一哭闹就妥协，只会助长他提出更多的不合理要求。

要坚持：吃东西的时候给什么就吃什么，不愿意吃就挨饿。不该买的玩具一定不给买，怎么哭闹也不能答应。孩子的习惯是从小培养的，即使是小事也要坚持原则，绝不妥协。

方法二：坚决制止孩子的不良行为

楼主在平时要明确告诉孩子不能为所欲为，否则一旦进入社会会很难与人相处。因为其他人不会喜欢一个无理取闹、自私自利的人。像妞妞这样既让楼主难堪，也让老师为难。必须教孩子学会控制自己、约束自己。

方法三：为孩子树立良好的榜样

孩子特别善于模仿，情绪很容易受感染。平时的时候多拿故事中、电视中的“好孩子”教育孩子，充分发挥榜样作用。让孩子明白，只有懂事的孩子才有人喜欢。让孩子懂得心疼妈妈，妈妈爱孩子，孩子也要爱妈妈。

方法四：控制孩子的情绪

楼主家孩子情绪发育还不太健全，表现为兴奋难以抑制，所以才出现了“让妈妈带我去医院”的想法。对于这样的孩子，可以通过心理训练的方法来改善感觉系统，使妞妞的情绪发展与心理素质发展相协调。

专家提示

孩子的自制力差是因为家长不当的教育方式。想要纠正这个坏习惯也是需要一个过程的，楼主需要多一点儿耐心、多一点儿智慧，至少要从以下几方面入手：(1) 冷处理；(2) 态度要温和而坚定；(3) 为孩子树立良好的榜样；(4) 事先告诉孩子哪些是该做的，哪些是不该做的。做了不该做的就要受到适当的惩罚。当孩子纠正了这个坏习惯之后，要及时鼓励、表扬，增强孩子的自信心。

该不该让孩子吃别人给的东西
——让他大方接受还是礼貌拒绝

【纠结案例】

经常带着我家多多去楼下玩儿，有时会带上一些小零食，然后叫多多分给小区里的其他小朋友吃，我觉得这样能教会孩子分享。而且，小区里的其他小朋友给多多东西吃的时候，我也没让他拒绝过。

邻居家也有个孩子叫牛牛，牛牛妈妈从来不让牛牛吃别人的东西。上次我拿了个威化饼给牛牛，牛牛伸手就接过去了，牛牛妈妈非让牛牛还给我，牛牛非常不开心，极不情愿地将威化饼还给我。当时我觉得牛牛妈妈太严了，惹得孩子不高兴。而且，我们都是熟人，有必要防我们防成这样吗？大伙儿发表一下自己的观点吧，该不该让孩子吃别人的东西呢？

家长帮话纠结

【防人之心不可无】 来自：嚣张的橙子 1楼

我同意牛牛妈妈的观点。

我儿子从小就很有“人缘”，每次去小区的街心花园玩儿，不是叔叔阿姨给块糖，就是爷爷奶奶给个苹果。我原本觉得反正都是小区里的人，怎么也不会有“害人之心”。所以从来没有过“防人之心”。

前几个月带儿子去农村住了几天，早上赶集，我想吃个煎饼，就在那儿排队买。其间一个不留意，儿子竟然要了陌生人给的一块江米糕，待我发现，儿子已经吃得所剩无几了。当天晚上，儿子一直拉肚子，并且高烧不退，到医院检查说是吃了不干净的东西。

所以，为了避免同类事情的发生，我教育孩子以后都不能直接吃别人给的东西，哪怕食物是来自认识的人，也要先交给爸妈，经过爸妈允许后再吃，避免不良后果。这是培养孩子有教养的一个重要步骤。

【别让孩子养成坏习惯】 来自：小豆丁 2楼

对于这个问题，我觉得还是不要吃别人的东西好。

我家贝贝从来不认生，有一次同我们单位几个同事一起出去旅游。大家都很喜欢逗她玩儿，于是各种好吃的就塞满了孩子的嘴。贝贝来者不拒，甚至还追着要。一开始，我并没意识到这有什么问题，还跟同事们一起笑贝贝的可爱。后来我发现贝贝养成了向人要东西的习惯，见到谁都要。如果对方不给，他竟然想动手打人。

有一次，有个患乙肝的同事正在吃泡面，贝贝就走了过去，恨不得把头伸到人家碗里。同事担心自己传染给贝贝，端起碗就跑。贝贝玩命地追。我看情况不妙，忙出去阻止了他。可贝贝问我：“为什么可以吃其他阿姨的东西，不可以吃这个阿姨的。”弄得我很尴尬，一时不知如何回答。

总让孩子吃别人给的东西，容易让孩子养成向人要东西的习惯，很不好。有时候还会很尴尬。

【吃别人东西害处多】 来自：小武 3楼

建议不吃为妙。

第一，别人大多给的是零食，甚至是垃圾食品，不要让孩子养成吃零食或者垃圾食品的坏习惯。

第二，现在社会，拐骗儿童的现象还是存在的，万一有坏人利用孩子的这个心理来诱拐孩子就得不偿失了。所以一定要告诉孩子不要接受别人给的食物、玩具等，让孩子养成良好的习惯。

【先接受后处理】 来自：远光 4楼

这个问题我也很矛盾。在小区玩的时候，总有熟悉的人给孩子吃的。一般都不会拒绝，人家确实是一片好心。拒绝也不太好，我出去的时候也会准备一些吃的，让孩子跟小朋友一起吃，学会分享。偶尔生人也会给，我也不好谢绝，一是担心恶化了邻里关系，二是不利于孩子的人际关系以及社会性的发展。此时，我会采取先接受，离开后再处理的方法。

【天性如此，不必强求】 来自：方方正正 5楼

同意楼上的做法，小孩子的天性如此，不必过分强求。我家孩子看到别的小孩拿着吃的就盯着看，其实家里从来没少给他买，但是他就是觉得别人手里的比自己手里的好吃，所以别太苛求孩子了。只要您认为对方的食品卫生，就可以吃。像牛牛妈那样坚决不许孩子吃别人的东西，很没必要。过分分清谁的就是谁的，只会导致孩子逐渐互相疏远。孩子们本来就应该在一起玩，在一起互相吃东西，培养出他们自己的感情。但也要让孩子养成不是所有人的东西都吃的习惯。对于那些陌生人给的东西，一定要经过家长同意才好。

【让孩子自己判断】 来自：麦兜校长 6楼

孩子有天生的判断能力，所以不要过分管制，只要他快乐就够了。

我家孩子就曾接受过邻居家小姐姐用脏兮兮的小手掰下来的面

包，也曾拒绝过其他小朋友递过来的葡萄。虽然前者可能带有细菌及疾病，但这也是提高免疫力的途径啊，是他们自己的选择，就应该承受后果。当然，前提是不会对他产生生命攸关的威胁。

【具体问题，具体分析】 来自：男海一圣 7楼

世界是错综复杂的，由很多因素组成，不能一概而论。具体问题，具体分析，掌握好方法，才能促进孩子多方面的发展。

应该培养孩子以下习惯：

第一，对于熟悉的或者亲近的人，可以接受。但对于陌生人，最好不要接受，毕竟你不知道他们到底是出自好心还是恶意，又或者他们给的东西到底有没有“病毒”。

第二，可以接受的，要向人表示感谢，不可以接受的，也要先谢绝，后感谢。

第三，不应该向别人要吃的，更不能去骗吃的。

第四，当自己非常想要吃对方的东西的时候，应该告诉家长，征求家长的意见后再吃。

【假如我是牛牛妈】 来自：英伦范儿 8楼

假如我是牛牛妈，我会这么做：

方法一：结合动画，给孩子讲接受陌生人东西是很危险的事情。比如说：“牛牛，你看《巧虎》的时候，陌生人给巧虎东西，巧虎要了吗？”将道理融于生动的情境中，讲完后再讨论一下，如此孩子才会印象深刻，乐于接受。

方法二：假设情景，让孩子自己判断。比如说：“牛牛，假如隔壁张阿姨是新搬来的，她给你糖，能要吗?”“假如妈妈的好朋友给你一串糖葫芦，你要吗?”“假如你看见小区里的其他的小朋友在吃好吃的，你特别想吃，能去要吗？该怎么办呢?”

积极调动孩子的积极性，还可以进行有奖回答，让孩子对你们的谈话产生兴趣。

方法三：当孩子做法正确的时候，要给予肯定的反馈；当孩子做错了的时候，也要适时地给予否定的反馈。不是强制，而是让孩子感受家长的不满意，而且让孩子知道你为什么不满意。但不应该要求立竿见影，要积极引导、配合。坚持下去，孩子肯定会健康、快乐地成长的。

专家提示

像楼主那样说“可以”，好像不合适；像牛牛妈那样说“不可以”，也不合适。牛牛妈之所以不让牛牛吃别人的东西，一是怕孩子养成不好的习惯；二是觉得对健康不利；三则是为了孩子的安全考虑。而6楼那样做，不免欠缺考虑。小孩子毕竟难以把握分寸，很多时候仅凭心情判断，假如放任，则会出现安全隐患。但也不能因此学习牛牛妈那样，凡事都说“不可以”，结果导致邻里关系恶化，更不利于孩子的人际关系。因此，要结合多种因素考虑，尝试多种方法，化消极因素为积极因素，促进孩子多方面的发展。

PART/03

品德修养上，处在“天性”与“修正”的纠结中

该不该打压“霸道”的孩子

——惩罚他还是训斥他

【纠结案例】

我家南南 3 岁了，在幼儿园小班，平时和小朋友们一起玩的时候，总是一副“小霸王”架势。每次批评他，他都虚心接受，可下次见到别的小朋友的玩具，他还是抢。

今天在小区里，他遇到了“小同学”洋洋。洋洋兴奋地说：“南南，我们一起玩吧！”可两人玩了不久，我儿子就霸占了两人共有的玩具，说：“这是我的玩具，谁也不许碰。”洋洋家教很好，友好地说：“咱俩是好朋友，好朋友可以一起玩的。再说了，你手里也拿着我的玩具呢！”南南却大声地说：“那也不行，这个玩具现在是我的了，谁也不能玩！”我忙前去劝阻，抢过儿子手里的玩具，还给了洋洋。南南不干了，开始号啕大哭，一边哭还一边喊：“妈妈，快帮我要回来！”我着实很尴尬。

记得小时候他很大方，谁要东西都给。可他越大越小气，还霸道、自私。我意识到，训斥已经不能解决问题，必须采取惩罚措施了。回到家后，我告诉他如果下次再独占玩具，就把他所有的玩具都送给别的小朋友。南南却毫无悔改之意，还生气地说：“我的东西，凭什么送给别人？”真让人头疼，大家教教我，如何教育“小霸王”呢？

家长帮话纠结

【霸占玩具，说明孩子长大了】 来自：英伦随风 1楼

当一个孩子会占有别的宝宝的玩具，还会高声说“那是我的”时，说明他已经开始意识到自己是一个独立的个体了。他努力把自己和身边的小朋友、家人区分开来。所以，楼主不应该觉得霸占别的小朋友的玩具是自私的表现，反而应该开心，因为你的宝宝长大了。

你家孩子才3岁，抢别人东西，并不是想占有，纯粹是拿过来想看个究竟，满足一下自己的好奇心。楼主应该多从正面引导，不能斥责或者采取惩罚手段。惩罚只会让孩子以为父母是“霸权主义”“蛮不讲理”，进而影响亲子关系。比如，你可以告诉宝宝：“这不是你的。”然后让宝宝看他自己拥有的玩具。等孩子意识到自己的确抢了别人的玩具时，再让他亲自把玩具归还洋洋。父母处理问题的方法和态度，对孩子的性格形成和今后人际关系的发展有重大影响，所以一定要慎重。

【反向思维试试看】 来自：猪宝贝 2楼

我觉得楼主教育孩子的方法不对，楼主可以这么做：

当南南正津津有味地玩他最喜欢的玩具时，楼主可以突然从他手里把东西抢过来，让他感受一下玩具被别人抢走的感觉，然后再教育他。楼主可以这么说：“如果你抢了别的小朋友的东西，这个小朋友也许会像你一样哭起来，会不高兴。所以记住下次别再抢别的小朋友的东西了。你喜欢什么可以告诉妈妈，妈妈可以给你买，乖。”

我就是用这种方法纠正了我儿子抢东西的习惯，希望能帮到楼主。最后祝福南南健康快乐地成长。

【不要过于放纵孩子】 来自：潇潇笑 3楼

楼上的方法我并不是很赞成。可以让孩子尝尝被抢东西的滋味，但

不能告诉孩子“你想要什么，妈妈给你买”之类的话。之所以会出现“霸权主义”，就是因为我们家长从小对孩子过分溺爱、过分放纵。他们想要什么，我们都尽力满足。殊不知，这样只会害了孩子。“小霸王”在学校不会受欢迎，这不仅影响孩子交际，也会让孩子性格越来越孤僻。所以，我们家长应该用心纠正，多和孩子沟通，想办法转移他们的注意力，营造新环境，改进教育方式。

【静观其变】 来自：美丽的梦 4楼

这个时期的孩子经常不客气地互相抢东西，我觉得是一种正常现象。因为他们不知道怎么和小朋友交往，也不知道玩具还有“所有权”的问题，觉得好玩就抢过来，抓到手里就是自己的。所以，楼主不应该反应那么强烈。对于孩子“抢东西”的行为，最好不要过多干涉。但是，如果孩子因为抢东西打人、抓人，就要不动声色地将他引开，想办法转移他的注意力，等孩子平静下来再讲道理。

等孩子慢慢长大，就会想要和别的孩子交朋友。这时才会慢慢大方起来，自己的玩具也乐意让别人玩。楼主不要坚持让孩子服从，以免双方都不愉快。

【从自身找原因】 来自：城南徐娘 5楼

不知道楼主有没有在孩子面前出现过抢吃抢玩现象，比如，楼主和老公抢着吃某样东西，分别喊着“这是我的”。再加上过分谦让孩子，认为孩子就应该吃、玩，久而久之，孩子自然就会形成“霸道”的性格。因此，父母只要了解孩子在家里的表现，多鼓励，一定会让孩子改变的。

【小招术搞定小霸王】 来自：农夫山圈 6楼

教楼主几个小招术：

(1) 教给孩子一些交往的方法。比如告诉孩子，当他想玩别人的玩具时，要先征求对方的同意，不能上手直接抢。

(2) 教孩子与小朋友分享玩具。比如公平协商，“我和你换着玩，好吗?”“今天我的玩具给你玩，明天你的给我玩，好吗?”“你先拍十下，我再拍十下，可以吗?”等。

(3) 楼主可以和孩子进行分享玩具的游戏。父母主动扮演孩子的玩伴，让孩子享受这种平等的交往。

(4) 了解孩子，问孩子为什么抢别人东西，是为了占有，还是因为对方的玩具很吸引人。针对不同心理，不同对待。

(5) 孩子抢了别人的玩具，不要惩罚孩子，要尊重孩子，让他自己意识到做错了。

(6) 当孩子去抢玩具的时候，设法转移孩子的注意力。

(7) 多跟孩子讨论，让孩子知道自己想玩别人手里的玩具时应该怎么做。当别人想玩自己的玩具时，自己又该怎么做。不要将自己的观点强加给孩子，用正确的方法向孩子传达正确的观念。

(8) 当孩子取得进步、不再抢别的小朋友东西时，要及时给予表扬，可以夸奖他：“你做得非常棒，真是妈妈的好儿子。”

专家提示

面对霸道的南南，楼主的做法有欠妥帖。在纠正孩子的不当行为时，不能让孩子感觉自己整天活在父母的权威之下，尤其不该拿“没收玩具”吓唬孩子。这样不利于孩子的心理健康成长。当南南指使你给他要回玩具的时候，不能不理睬孩子。要用温柔的话语教导孩子玩具不是他的，然后多给孩子找几个玩伴，让他自己学着和小朋友相处。让他懂得，想要维系友谊，必须改变态度。楼主需要及时给孩子指明道路，让孩子赶走“霸气”，与人和谐相处。

该不该戳破孩子的谎言
——容忍还是斥责

【纠结案例】

我和宁宁的爸爸平时比较忙，宁宁一直交由保姆带。昨天，保姆告诉我，宁宁最近很爱说谎：早上不想去上学，就说“肚子疼”；在学校被别人碰一下就号啕大哭，谎称自己的某个部位“很痛”；还说自己家里养着一头大象。我听后觉得没什么，告诉保姆说：“不用管他，他还小，等大一些自然知道说谎话是错的。”

可今天发生的一件事，让我对孩子的撒谎有了不同的看法。

今天我下班后，发现宁宁把爷爷最心爱的花瓶打碎了。我问他是谁干的，想不到宁宁在我面前也说起了谎话：“是隔壁的小花猫打碎的。”我一听这话，气不打一处来，斥责说：“小小年纪，怎么就会说谎？妈妈不爱说谎的坏孩子。”宁宁不服气了，大声说：“上次丘阿姨（我的同事）说要来家里找你玩儿，你明明在家，可你告诉人家你不在。你也说谎了，凭什么说我？”

他竟然学会顶嘴了，我一时没克制住，打了他一巴掌。

有研究说，两岁孩子20%会说谎，3岁达到50%，4岁时就接近90%。等孩子再大一些，这个数值又会有所回落。我家孩子正好4岁，是不是过了这个阶段，孩子就不爱撒谎了呢？是容忍还是斥责？该怎么办？

家长帮话纠结

【把说谎遏制在萌芽阶段】 来自：妞妞宝儿 1楼

孩子的确有一个阶段比较爱撒谎，但楼主不要因为孩子小就不去制止。孩子小的时候偶然说了谎话，可能是无意识的，但如果不及时帮助矫正，让孩子的谎话得逞，就会促使孩子不断用说谎来达到自己的目的。比如，不想上学就谎称肚子疼。

为了避免孩子养成说谎的坏习惯，一定要从孩子的第一句谎话抓起，把说谎遏制在萌芽阶段。而等习惯一旦养成，就很难改正了。发现孩子说谎时，不要打骂，最好是讲道理，告诉他们说谎的严重性。如果屡教不改，再打骂也不迟。

【家长勿在孩子面前说谎】 来自：潇湘妃子 2楼

宁宁之所以说谎，是因为楼主当着孩子的面有意识地说谎了，这才成了孩子的“坏榜样”。所以，当孩子指出你的错误时，不能打孩子，应该向孩子认错，以便进行正确引导。

也许家长说谎的本意是善良的，只是委婉推辞的借口。但是，当孩子亲耳听到你在说谎时，就会有样学样，从而让家长的不良言行“投射”到孩子身上。所以，家长一定不要在孩子面前说谎。

【多关注孩子】 来自：轮回 3楼

《狼来了》的故事启发我们不能说谎，否则就会自食恶果。但是想想那个孩子，他一个人在山上放羊，内心孤独，喊一声“狼来了”，就有很多人来围观。他觉得很好玩，为了排解内心的寂寞，便又喊了一次。他这么做无非是想引起人们的关注。宁宁和这个孩子很像。楼主平时很少关心孩子，导致他希望排解孤独，渴望被关注，所以才会撒“我家养了一头大象”之类的谎。要想让孩子改掉说谎的坏毛病，就要在平时多关注孩子，给孩子表现的机会。比如下班之后和孩子在一起，了解孩子感兴趣的东西，讨论孩子关心的话题。当孩子获得“成功”时，要及时鼓励；当孩子感到委屈时，要及时安慰。平时多带孩子参加一些集体活动，让孩子感受到你对他的重视和关注，他就不会因为缺少关爱撒谎了。

【让孩子知道自己错了】 来自：大肚皮 4楼

责备、打骂孩子，孩子只会惊恐万分，却不会明白自己究竟做错了什么。楼主应该运用正确的奖罚手段，帮助孩子认清，说谎的人绝不会成功，即使蒙混过关，也不过是暂时的。楼主可以结合一些生动的故事，让孩子明白经常说谎的人即使说实话也没人相信。只有诚实才能减轻对他过失的惩罚，撒谎则会受到更严厉的惩罚。而当孩子有诚实的行为时，父母应该给予鼓励和奖励。此外，要让孩子信任父母，不必担心自己讲出真相后受到惩罚。只有这样，才能帮助孩子改掉说谎的坏习惯。

【帮助孩子说真话】 来自：蒙奇奇 5楼

2~4岁的孩子并不能分辨出自己是在说谎还是在说实话。他们往往不假思索，脱口而出，讲出不合实际的假话。这个时期，如果父母教育不当，孩子的说谎现象就会变本加厉。

谁也不希望自己的孩子说谎，但是，怎么做才能既不伤害孩子的自尊与自信，又不纵容孩子说谎呢？给楼主几条建议：

第一，楼主自己要做好榜样，尽量避免当着孩子面说一些“善意的谎言”。

第二，信任、理解孩子。让孩子知道，即使他说谎了，你还是爱他的。

第三，孩子说谎后，要与孩子一起商量，下一次遇到类似的情况用哪种方法更合适。

第四，不能用惩罚威胁孩子，这只会让孩子说更多的谎，更加狡猾。

第五，发现孩子说谎，不要当众指责，给孩子留点儿面子，找一个合适的时间，单独与孩子谈谈。

第六，想办法了解孩子说谎的原因。

第七，平时多关心孩子。

第八，当孩子勇于承认错误时，别忘记表扬他。

第九，如果孩子一再说谎，而你也不知道到底该怎么办，最好是找儿童心理专家帮忙。

【“说谎”未必是坏事】 来自：一路开花 6楼

孩子毕竟是孩子，不愿意爽快地承认自己犯的小过错很正常。别说孩子，就是家长，很愿意承认自己的过失吗？所以，在面对孩子的小谎言时，家长不要大惊小怪，给孩子扣上“不诚实”“爱说谎”的帽子。这个阶段的孩子正在学着懂得规则，以及违背规则带来的后果。所以，从某种角度看，孩子的“说谎”其实是一个好的信号，这说明孩子已经知道自己做的事情是错的。因此楼主需要冷静对待，既要严格要求，又要关心爱护，严爱结合，情理交融，使孩子增强自我认识。只有如此，孩子才能建立起正确的规则意识，做一个诚实的人。

【别过于溺爱孩子】 来自：快乐的小胖子 7楼

我觉得，孩子之所以会说谎，是由于父母的过分溺爱所致。孩子参加集体活动，就会因为自己的“无能”而自卑，所以常常会脱离实际地夸耀自己，试图以优越感来逃避或补偿同学的讥笑、老师的责备。比如“我家养着一只大象”这样的谎话。

不要对孩子说“如果你说了真话，你就没事了”，而要说“如果你撒了谎，你就会有更大的麻烦。”在表扬孩子说真话的同时，努力找到一个解决的方法，或者给他一个适当的惩罚，别让孩子以为只要承认错误就能逃脱责任。

专家提示

千里之堤，溃于蚁穴。不要以为孩子还小就不去制止他的坏习惯。

楼主应该从以下几点入手：

（1）找出孩子说谎的原因，比如逃避责任、躲避惩罚或者隐瞒什么等。

（2）不能教孩子说谎。父母在孩子心目中有一定的威信，尤其年纪小的孩子。他们总认为家长的言行都是对的。当你“说谎”的时候，孩子自然会模仿。

（3）问问自己，是否足够关心孩子。如果不够，就要给孩子更多的关注、关爱以及关心。

（4）鼓励孩子说实话。恰当的奖励能帮孩子更快建立好习惯。当孩子犯错时，不要盲目指责、盲目惩罚，而要想办法帮孩子改正。

（5）让孩子和一些优秀的孩子玩。良好的榜样能让孩子改正说谎的毛病。

孩子无意识地说粗话
——马上训斥还是装没听见

【纠结案例】

4岁的儿子淘淘在幼儿园上中班，平时是个听话的好孩子，学话能力比较强，经常受到老师的表扬。

可是，昨天他在屋里玩拼图时，竟然说了一句：“他妈的，怎么又错了。”当时我就有点儿懵了，先假装没听见，然后跟淘淘的奶奶商量。奶奶说孩子都会有这么一个阶段，先不用管他。没想到，晚上奶奶叫淘淘吃饭，淘淘却对奶奶说：“你怎么那么白痴啊，没看到我在看电视吗？他妈的！”我听到了，急忙喝止。可淘淘却还挺开心，越不让说他越说，最后，我揍了他一顿，淘淘一边哭一边说：“妈妈，你妈的！”

奶奶说，孩子第一次说粗话时，并不知道这些话的真实含义，等大一些自然就不再说了。可我觉得婆婆太溺爱孩子了。从小就这样，长大了还了得，一定要及时制止才好。

各位家长你们可曾遇到过这种情况？请问大家是怎么办的？

家长帮话纠结

【冷处理】 来自：家有小宝 1楼

首先声明，我是支持奶奶。

我家小宝儿4岁时也曾对粗话情有独钟，有事没事就爱念叨几句。我觉得他第一说脏话，肯定是无意识的，所以就采取“冷处理”的方法。一般来说，孩子说了一段时间之后（我家小宝儿说粗话的情况大概维持了一个星期），发现家长没有反应，就会觉得无趣，说粗话的情况就会逐渐消失。

此外，楼主需要重视孩子说粗话时的情绪状态。如果孩子说脏话时处在愤怒之中，他可能就是在宣泄自己的情绪。我们大人也经常如此。所以，这时候楼主不应该一味地强调不许说脏话，而应该关注孩子不开心的原因，引导孩子用正确的方式发泄情绪。楼主的异常愤怒、大发雷霆不但不能解决问题，强化孩子“说粗话”的不良行为。反而会让孩子觉得说粗话好玩儿、受重视，强化孩子的不良行为。

【净化孩子的语言环境】 来自：在线成语 2楼

楼主应该多从自家人身上找毛病。如果自己都说脏话，又凭什么教育孩子呢？如果楼主在孩子面前不小心说了不文明的语言，一定要向孩子当面认错。

如果楼主发现自家人谁都不说脏话，那就要从其他的环境找原因了。比如电视、电影、伙伴等。找到原因之后，就要净化不良环境。假如孩子是从电影、电视中学来的，就要慎重选择影视节目。而如果孩子是从小伙伴那里学来的，就不要让孩子总跟他们一起玩儿。

进入幼儿园后，孩子开始接触到比以往更丰富、更复杂的人、事、物。孩子的模仿能力很强，即便家人不说脏话，他们也能在其他地方学到脏话。所以，为孩子创造一个文明的环境非常重要。

【从根本解决问题】 来自：蒲公英男孩 3楼

我觉得楼上的说法不完全对，毕竟这个社会很复杂，孩子不可能生活在真空当中。当面对复杂的社会和不同的环境时，学会选择也是孩子发展和成长需要的能力。单纯的净化环境，并不能从根本解决问题。

想要从根本解决问题，可以采取下面几个方法：

（1）模仿疗法。和楼上的“净化环境”相似，“模仿疗法”是通过观察别人的行为，学习、获得良好行为，减少、消除不良行为的一种矫正方法。比较常见的是：影视模仿法、录像模仿法、读物模仿法、现场模仿法、参与模仿法等。楼主可以编一些故事，在孩子听故事时教会他怎么说话。比如，生气的时候可以找人倾诉，但不能说粗话和脏话。

（2）让孩子意识到说粗话是一种不好的行为。4岁的孩子尚未分化出主体和客体。当你问他“骂人好不好”时，他会义正词言地回答：“不好。”可他自己又经常说粗话。在他的意识中，说粗话的是别人，不是他自己。他只是在模仿，并没有真的说。对于这种现象，要让孩子分清主体和客体，不管是谁，只要说粗话都是错的。当孩子表现出一点点良好的迹象，就要及时表扬，如此才能彻底改正说粗话的坏习惯。

（3）适当惩罚。如果孩子屡教不改，就要给他适当的惩罚了，促使他反省自己的行为。但是不要惩罚过度，起到反效果。

【根据孩子说话的“粗细”程度采取不同方法】 来自：小芒果妈妈 4楼

教育孩子是一门艺术，既要有耐心，还要讲究方法。无论严厉粗暴，还是放任自流，都不能达到目的。

我觉得，应该根据孩子说粗话的“粗细”程度采取不同的方法。

（1）对不会具体伤及他人的脏话，家长最好采取冷处理，孩子慢慢就会不说了。

（2）分析粗话的内容。那些“小瘸子”等轻视对方弱点、有辱对方人格的话必须禁止。父母需要引导孩子关心弱势群体，如可以问孩子

“如果你是残疾，别人这么叫你，你心里舒服吗?”教育孩子多站在对方角度考虑问题，以此诱发孩子的爱心。

（3）孩子有时候会说“我要把你杀了”等残忍的话，其实他们并不知道这些话的真实意义，父母就需要将这种话的程度向孩子阐释清楚，并告诉他可能导致的严重后果。比如，孩子对楼主说：“我要杀了你。”你可以告诉孩子：“你要是把妈妈杀了，以后就再也见不到妈妈了。以后就没人哄你睡觉、给你唱歌了！”

【给予孩子更多的关注】 来自：易妈 5楼

孩子之所以说粗话、脏话，可能是渴望得到别人的关注。他们会在生活中观察别人吸引注意力的方法，然后效仿。所以，我觉得淘淘无非是在想办法争取别人的更多关注。在这里，提几点建议给楼主：

（1）多关注孩子的内心世界和行为表达。平时多和孩子沟通，探讨孩子的粗话行为。当然，最好不要在外人面前，否则孩子会因为对自尊的保护而故意对立。

（2）引导孩子用正确的方法表达自己的内心世界。告诉孩子，说粗话不仅得不到别人的喜欢，反而会失去更多朋友。如果想要小伙伴跟他玩儿，就要用别人喜欢的表达方式来表达自己的想法。

（3）当孩子与小伙伴发生冲突时，家长不要替孩子向别人道歉，要引导孩子自己去面对，告诉他谁犯错谁承担。只有如此，孩子才会慢慢形成对自己、对别人以及对社会的判断，意识到自己说粗话、脏话是不对的。

【用点智慧】 来自：阿訇看世界 6楼

我家孩子第一次骂人的时候，我这么问他：“你爱妈妈吗?”孩子说“爱!”我接着问：“要是有人骂我，你怎么办呢?”孩子笑着说：“我去骂他。”我说：“可是，是因为你经常骂别人的妈妈，别人才会骂我啊!”孩子一时被问住了。我接着又说：“骂别人的妈妈就等于骂自己的妈妈。以后多想着别让我挨骂，就不会说脏话了。”孩子觉得我说得很有道理，就慢慢改掉了骂人的习惯。

专家提示

综上所述，对于说脏话的情况，可以先按照奶奶的意见——“冷处理”。当“冷处理”不奏效时，可以采取净化孩子的语言环境、模拟疗法、给孩子更多的关注、孤立孩子等方法来治疗。如果孩子还不收敛，就要用点儿智慧，或适当惩罚了。

该不该让孩子学会谦让

——谦让就意味着吃亏、软弱吗

【纠结案例】

我常给女儿文文讲《孔融让梨》的故事，所以孩子从小谦和友善。但是最近看到文文谦让时，我却发愁了。

镜头一：文文从小就不吝啬，很大方地把自己的玩具让其他小朋友玩儿。今天，文文觉得一个小孩子的车好看，就凑近身子看了看。可是那个小朋友竟然疯狂地推了文文两下，然后揪着她的衣领不撒手。可文文却不还手。回家我问她，对方比你矮那么多，为什么不还手。文文说："打架不好，对方比我小，我应该让着他。"

镜头二：小区里一个小哥哥抢走了她的玩具车，她既没哭，也没抢回来，而是等他不玩儿了再捡回来，还对他说："你不玩儿了吧？该我了，你不要再抢我的了。"

镜头三：周末，我和几个好朋友带孩子一起去爬山。一个朋友提议说："你们几个小朋友来比赛，看谁先到山顶。"其他的孩子都跃跃欲试，可文文却说："我不比赛了，爬上去就行了，第一就让给他们吧！"

文文的"谦让"，似乎成了一种退缩，什么事情都让着别人。现代社会竞争激烈，如此下去，真担心她会自甘落后，这怎么行啊？到底该不该让孩子学会谦让呢？

家长帮话纠结

【吃亏是福】 来自：轻舞飞扬037 1楼

谦让是中华民族的传统美德，是个人修养的升华。从当前利益考虑，虽然有些吃亏，但从长远来看，谦让的行为会让孩子懂得对他人的宽容和尊重，培养孩子豁达的胸怀和善良的品格。一项研究表明，那些从小不懂谦让的人，几十年后大多平庸。而那些从小谦和有礼的孩子，长大后都干出了一番大事业。所以，楼主不必为“吃小亏”忧心，要懂得吃亏是福的道理。一个不懂得谦让的孩子，长大后很难和社会中的人友好相处，他的人生也是很难成功的。

【谦让磨灭孩子竞争意识】 来自：猫咪好妈 2楼

不同意楼上的看法。

我觉得谦让会磨灭孩子的竞争意识，镜头三就是最好的说明。现在的竞争越来越激烈，如果孩子从小就忍让，不懂得参与竞争，长大后还会有立足之地吗？不仅如此，从小一味要求孩子谦让，孩子不仅委屈、疑惑，还不容易形成良好的性格，遇事就躲、胆小怕事。

【教会孩子“适当利己”】 来自：女阳妈 3楼

虽说打架不好，但我感觉应该让孩子学会防卫，学会还手。如此孩子才会更自信。

曾在美国一家幼儿园看过这样的情形：一个小男孩正在玩拼图，马上要拼好时，拼图却被一个大孩子抢了去，他也被推倒在地。小男孩跑到老师面前告状，老师却对他说：“不要哭，去把属于你的东西要回来。”男孩好似受了鼓舞一般，跑去夺回了属于自己的玩具。虽然“夺”的过程很辛苦，但他最后胜利了，把比自己高的男孩打倒在地。夺回拼图时，他自信地笑了。

建议楼主不妨放手，给孩子一句鼓励的话，让他“要回”属于自己的东西。这样，孩子才能从中获得自信。谦让，也要掌握一个度。教会孩子“适当利己”。

【孩子感受最重要】 来自：域名妈 4楼

孩子被打了，感觉很吃亏，可这种感受往往来自成年人，是成年人将自己的感受投射到孩子身上，既想让孩子谦让，又担心孩子过于谦让。之所以产生这种焦虑，是因为楼主没有想通谦让的本质和意义。楼主只是为了迎合他人的期待要求孩子做出谦让的样子。归根究底，我们应该以孩子的感受为主。当自己的东西被人抢走，孩子如果没有表现出不快，大人就没必要插手干涉。但是，如果孩子难过，我们可以帮助他跟对方协商。

关于“镜头三”，我认为楼主家孩子还小，应该更喜欢跟大家一起玩儿，而不是跟他们比赛。楼主不能因此就觉得她是不喜欢竞争、不知进取。相反，如果过早破坏孩子之间的友谊和合作，会让孩子不知所措，无助于孩子建立和谐、平等的人际关系。

【传递谦让，讲究方法】 来自：皮皮鹿 5楼

虽说谦让是美德，可一味的谦让不仅让孩子心理不平衡，家长的心理也会失衡。所以，想要将“谦让”的美德传递给孩子，也要讲究方法。

第一，多了解孩子的内心感受。

当孩子想玩小朋友的玩具时，小朋友打他了，要看孩子作何反应，事后会不会抱怨。如果孩子抱怨，说明他本身不乐意“谦让”，“谦让”违背了他的意愿。如果这种意愿长期被压制，他们很可能不敢表达自己的想法，长大了也不敢维护自己的权益。

第二，多和孩子讨论，帮助孩子建立是非标准。

结合故事和动画，寓教于乐。多和孩子讨论，什么情况下应该谦让？什么情况下不该谦让。为什么该，为什么不该，启发孩子建立是非观。

【谦让也讲究法则】 来自：鲁味艾窝窝 6楼

“谦让”是美德，但也要遵循一定的“游戏法则”。当孩子的玩具被抢时，你要告诉孩子：“玩具是你的，你可以选择让他们玩，也可以选择不让他们玩。”孩子如果不想让他们玩，就让孩子抢回来。孩子觉得可以让他们玩，那就无所谓了。

再如，孩子们一起玩滑梯时，要告诉孩子排好队，轮流玩，并制止插队的行为。如此，孩子才会既温和谦让又不吃亏。

【个人观点】 来自：小虫虫迷 7楼

我是这么教我家孩子的。如果小朋友抢了他的玩具，而他又不想让他们玩，要大声告诉小朋友：“这是我的玩具，我不想让你玩。”如果想让他们玩，也要大声告诉小朋友：“这是我的玩具，我给你玩，希望我们做好朋友。”对于前者，对方如果动手，我家孩子一定会还手的。

我觉得，家长最重要的任务是教会孩子明辨对错，明辨是非。别的孩子如果实在过分，危害到孩子的安全，必要时也要教育一下，但要注意语气和方法，别吓到对方的孩子。不然楼主家孩子就学会了“以大欺小”。

专家提示

孩子谦让的形成需要时间，不会一蹴而就。所以，我们要给孩子实践的时间，帮助他们梳理、疏导情绪，让他们自己积累经验，选择最适合自己的交往方式。过多的干涉只会剥夺孩子的学习机会。此外，谦让也要讲究法则，孩子学会了这些法则，才会既谦让，又不吃亏。

要不要逼着孩子学才艺
——孩子没有长性，坚持还是放弃

【纠结案例】

我家成成很讨厌上幼儿园，每天上学之前都哭。可后来，我发现他很喜欢幼儿园的钢琴，于是每天早上我就和他说："成成，我们去学校找那架发亮的钢琴去喽!"孩子听了，就会高高兴兴去上学。半个月后，成成回来跟我说："妈妈，我很喜欢钢琴，能不能给我买一架?"我想孩子既然喜欢，肯定有天赋，就花了两万块钱买了一架和幼儿园那架一模一样的钢琴，还给他请了一个口碑不错的幼儿钢琴老师。最初的一年，成成很感兴趣，并学会了不少简单的曲子，经常哼唱钢琴曲。我感到很欣慰。但一年之后，成成渐渐不喜欢钢琴了，无论老师怎么教，他就是不好好学。

为此，我向别人讨教过方法，隔壁的王阿姨告诉我应该"逼"孩子去学，不然等孩子长大了就会责怪父母。可当我决定"逼"的时候，家人却不赞同，说用逼的方式让孩子学东西没效果。

真纠结啊，不知道该怎么做才好?

家长帮话纠结

【逼迫方能成就孩子】 来自：传说拉米 1楼

我家闺女4岁开始学钢琴，一年之后也不想学了。当时我用各种方式逼着她去，包括打。她小时候觉得我很残忍，跟我之间颇有隔阂，有问题也很少跟我沟通。但现在孩子长大了，反而很感激我，说是我的残忍成就了她。

小孩子的兴趣很短暂，如果楼主不舍得“逼”，他可能什么都学不成。

【是天赋还是兴趣】 来自：家有光头 2楼

反对楼上的观点。

作为父母，首先要尊重孩子的兴趣爱好和自主权。他喜欢的时候就让他学，不喜欢的时候就不学。孩子还小，有很强的好奇心和探索欲。他看到钢琴时十分感兴趣，所以才提出学钢琴的要求，但这并不代表着孩子在这方面有天赋。当孩子发现弹钢琴跟自己的乐趣相去甚远的时候，兴趣就会消失，或对新的事物产生兴趣，比如画画、舞蹈、体育等。楼主应该端正自己的态度，成成学钢琴并不是真的有天赋，而只是对知识的探索。强迫孩子学习他们不喜欢的，不利于孩子的身心健康成长。

【兴趣是可以培养的】 来自：蜜糖果儿 3楼

反对楼上的说法。孩子的兴趣是靠家长培养的，他那么小，哪里知道自己的兴趣在哪里。如果这时候放弃了，也许就真的放弃了一颗好种子。再说了，不管学什么，都要付出辛苦的劳动。如果像楼上说的半途而废，孩子怎么知道什么是执著，什么是坚持呢？学习才艺的一个重要目的就是教会孩子什么叫执著坚持。不管以后从事什么工作，这都是必需的素质。

【半途而废很可惜】 来自：旧帽新颜 4楼

我是一名钢琴老师，出现半途而废现象有两种情况：

第一种，如果是家长为了让孩子拥有一技之长，逼着孩子来学的，孩子就会感觉非常痛苦，所以才会半途而废。

第二种，就像3楼说的，家长尊重孩子的兴趣，想学就学，不想学就不学，导致很多孩子半途而废。

对于第二种情况，我会觉得非常可惜。恰巧楼主家成成正好属于第二种。

想要学好钢琴，必须具备三个条件：良好的基本条件、兴趣和勤学苦练。楼主家孩子在起初是具备一定的兴趣的，毕竟学了一年了，而且“学有所成”。只要楼主想办法让孩子维持这种兴趣并坚持下去，孩子肯定会成才的。

【引导孩子维持兴趣】 来自：灰太狼 5楼

支持楼上钢琴老师的说法。对于楼主家这样“三分钟热度”的孩子来说，如果家长能够正确引导，孩子就会用心专一，对事情感兴趣。只要有了兴趣，学什么都不是问题。

首先，引导孩子去除浮躁，建立自信。大多数的孩子不能将兴趣坚持到底，是因为心浮气躁，看到自己弹的不如别人好，就失去了信心。对于这种情况，家长应该鼓励孩子学习。在孩子的学习阶段，给孩子制订不太高的学习目标，一旦孩子做到，对他的努力加以肯定，建立孩子的自信。在学钢琴的道路上，不仅要有热情，更需要冷静。这里的冷静指的是心态健康、不骄不躁。

其次，不攀比，解除孩子的思想包袱，学习才会更专心。楼主不应该太张扬，不拿成成和别的孩子比较，这样才能让成成静下心来做自己喜欢做的事情。

【楼主态度决定一切】 来自：蓉蓉0821 6楼

对于孩子到底是坚持下去还是到此为止，关键要看楼主培养孩子的目标是什么。

如果为了培养孩子的兴趣，那就依着孩子，放弃弹钢琴。毕竟只有孩子觉得快乐，他的身心才能健康发展。如果想将孩子培养成名家，那就横下心“逼”他学，毕竟不管学什么，一年都是一个坎儿，大多数人没坚持下来被淘汰了。可以说，能坚持下来就成功了一半。

“逼迫”孩子弹钢琴其实是一种引导，但引导孩子有很多种方法，“打”的方式万不可取。可以采用5楼的方法。当孩子学东西厌倦或累了时，适时鼓励、赞扬或奖赏，会在不经意之间培养出孩子的兴趣。

专家提示

楼主家孩子学钢琴“三分钟热度”的问题，是孩子成功与否的关键。毕竟坚持一年了，放弃了可惜，最好采用引导的方法让孩子将兴趣坚持下去，不可采用“打骂”逼迫的方法。当然，如果楼主只是为了培养孩子兴趣，不是期望他成为名家，那就没必要坚持下去了。毕竟，孩子觉得快乐，身心才能健康发展。

该不该让孩子承担家务
——命令他做还是不做也无所谓

【纠结案例】

女儿6岁了，我觉得应该安排些家务让她干。恰巧周末，我就安排她去洗碗，结果她被意外打碎的碗扎到了手。伤倒不严重，但是关于该不该让孩子承担家务的问题，又在我家燃起了战火。

其实，该不该让孩子承担家务，从孩子两三岁开始家里就有争议。专家说，孩子三四岁时进入一个培养良好行为习惯的关键阶段。所以我就琢磨着让孩子从家务小事做起。我每天早早叫醒女儿，让她参与内务整理。当时她还小，所以只是让她练习叠被子、放好睡衣之类。可是这一举措遭到了爷爷奶奶的反对，说孩子太小，哪儿做得了这些粗活，等长大后再教也不迟。我妻子更是“阳奉阴违”，表面上支持我，实际上则替女儿做所有的事。我说她不该这样，她却说：“又不是旧社会了，犯不着让孩子受罪。有让女儿做家务的时间，还不如带她去五星级酒店坐坐。女孩还是要富养的。”

到底该不该让孩子承担家务呢？从小命令她养成良好的习惯，还是做不做都无所谓呢？

家长帮话纠结

【干家务会让孩子了解父母的辛苦】 来自：喵喵妈 1楼

我女儿马上要升小学了。在学校，她是老师眼里的“好孩子”，但在家，她的脾气却相当大。发脾气的时候，当着父母和爷爷奶奶的面，把碗筷一摔就不吃了。

我和孩子的爸爸都是工薪阶层，平时收入不多，但是孩子却根本不懂我们的辛苦，时不时地要这要那。我刚开始也和楼主妻子观点一样——“女孩儿要富养”。可前几天，我给她钱时只说了句“这钱来之不易”，她却说：“这是你们应该做的啊！”

现在的教育条件越来越好，物质生活也越来越丰富，可为什么我们的孩子却越来越不懂事呢？我们小时候都是自己背着书包上学，可如今的孩子不管学校多近，都必须有大人护送，书包都是由大人来背。大多数家长认为：“孩子平时学习压力大，今天上英语班，明天上舞蹈班，太累了。所以只要孩子好好学习，其他事儿都不用他们管。”可是，恰恰是这种爱封闭了孩子的回报意识。因此，他们理所当然地尽情享受爱，不懂得回报和孝敬父母。

从小，我们就不舍得让她干家务，可却换来了孩子一句“这是你们应该做的”。孩子习惯了索取，只知道父母必须满足他们的要求，却从不懂得为父母做些什么，分担些什么。

一个不懂得孝敬、不懂得感恩的孩子，长大后会怎么样？

为此，我在网上查了很多资料。很多家长认为，要想培养孩子孝敬父母、懂得感恩的习惯，就必须“狠心命令”孩子干家务，让他们了解父母为家庭付出的辛苦。这样他们才会在心底里产生对父母的感激和敬重。

建议楼主将自己的观点坚持到底，对妻子和孩子的爷爷奶奶进行说服教育。而且，家庭教育的观点最好保持一致，父母立场要统一，以免孩子养成双重性格。

【让孩子做“四有”好少年】 来自：兔兔 2楼

我支持楼主的观点，我家邻居就是最好的例子。

邻居有个儿子叫小杰，去年大学毕业后和一个叫小琳的女孩结了婚。小琳的家庭条件不错，人漂亮，嘴也很甜，我邻居全家人都很喜欢她。上个月，小琳生了个女儿。可夫妻俩颇有些不知所措。孩子哭，小琳也哭。小杰看娘俩哭，觉得可怜，也跟着哭。我那邻居看到这种情况，忙去哄孩子了。后来两位老人就在家帮忙带孩子，做家务。

有一次，夫妻俩在房间玩游戏，因为声音太大，吵醒了孩子。听到孩子哇哇大哭，夫妻俩竟然找来面巾纸塞住孩子耳朵，继续玩游戏。这一幕恰巧被我邻居看到。她怎么也没想到自己的儿子儿媳竟然为了玩游戏置孙子不理。可是她又能做什么？自己的儿子从小到大没干过一点活儿，儿媳妇也是家里的掌上明珠，家务更是啥都不会。她很担心自己哪天倒下来，孙子该怎么办？

邻居告诉我，正是因为自己过于宠爱孩子，反而害了孩子，导致小杰没有一点儿责任感。带孩子本来是父母的事儿，可小杰夫妻却认为是老人的事儿，也从来不帮助老人分担家务。孩子哭成那样也置之不理。

为了让孩子有责任心、孝心、爱心、自信心，必须让他从小干家务，否则不仅害了孩子，也害了自己。

【向德国人学习】 来自：大班 3楼

论生活条件，德国要比我们高出许多，但是他们却用立法规定孩子必须做家务。规定如下：6～10岁的孩子要帮助父母洗餐具、收拾房间、到商店里买东西；10～14岁的孩子要在花园里劳动，给全家人擦皮鞋；14～16岁的孩子要擦汽车、在花园里翻地；16～18岁的孩子每周要完成一次房间大扫除。

德国人认为，从小培养劳动者的动手能力和责任心对孩子的健康成长非常有利。楼主也应该学学德国人，让孩子从小就做力所能及的家务事。

【孩子做家务的好处】 来自：董佳雅清 4楼

苏联教育家苏霍姆林斯基曾说：“不要把孩子保护起来而不让他们劳动，也不要怕孩子的双手会磨出硬茧。要让孩子知道，面包来之不易。这种劳动对孩子来说是真正的欢乐。通过劳动，不仅可以认识世界，而且能更好地了解自己。劳动是最关心、最忠诚的保姆，同时也是最细心、最严格的保姆。”

孩子从小做家务有诸多好处，主要表现在：

（1）有助于培养孩子的责任感。孩子通过劳动会逐步意识到自己是家庭中的一员，所以必须为家庭尽一份力。这种家庭责任感，是社会责任感的基础。

（2）有助于培养孩子热爱劳动、珍惜劳动成果的好品德。孩子不了解金钱的来之不易，才会不爱惜财务。而参加劳动之后，他们就会明白创造财富的艰难，也会养成爱惜财务的好习惯。

（3）锻炼了孩子的意志和毅力。孩子在参加家务劳动之中，需要克服各种困难，从而锻炼自己的意志和毅力。

（4）增强孩子体质。孩子在学习之余做些家务，不仅能给大脑一个休息的机会，也可以通过各种活动增强体质，促进健康。

（5）提高孩子的自理能力。

（6）培养孩子独立生活的能力。

（7）有助于孩子动手能力与手眼协调能力的提高。

（8）有助于家庭关系的和谐。

通过共同做家务，给家庭带来一种融洽、和谐、欢乐的气氛。

（9）有助于孩子未来生活的幸福。

楼主可以从以上的益处对妻子以及孩子的爷爷奶奶进行说服教育。

研究表明，在6岁之前让孩子适当做些家务，对孩子的性格成长很有好处。如果一拖再拖，孩子就属于“本性难移”的阶段了。

【规章制度为证】 来自：莫凡其 5楼

衣食住行都属于家务范畴。聪明的家长自然可以推导出做家务获益良多的结论。剩下的就是我们在实际生活中怎么执行的问题了。

建议楼主和家庭成员沟通后，落实为规章制度，白纸黑字为证，自有分寸。

专家提示

楼主家的问题是家庭成员立场不一，有的认为不应该让孩子干，有的认为干不干都行。大部分人支持楼主的观点，楼主可以从以下几点说服：

第一，做家务可以让孩子增加主人翁精神，让她意识到自己是家里的一分子。

第二，做家务的目的是锻炼孩子的能力。比如，独立思考能力、学习能力、自理能力、独立生活的能力、意志力等。

第三，做家务能培养孩子的良好性格、自信心。

第四，“爱孩子”也要有个度。从小培小孩子做家务活儿，做力所能及的事并不是苛刻，而是为孩子的将来作打算。毕竟孩子始终有一天会离开家庭，走向社会。

该不该让孩子“逞能”
——鼓励他还是限制他

【纠结案例】

儿子小乖从小喜欢“逞能”，刚 1 周岁的时候，就喜欢拿勺子自己吃饭。刚开始的时候他经常把米饭喂到地上，我就在旁边鼓励他，直到他成功把饭吃到嘴里。

两岁的时候，小乖喜欢上了爬高，家里的沙发、椅子都是他攀爬的对象。

3 岁的时候，小乖喜欢上了荡秋千，起初还好好扶着，后来就开始逞能不扶了，结果摔了个屁墩儿。我觉得孩子这样逞能虽然有危险，但是小乖从中学会了坚强。

如今小乖 4 岁了，前几天幼儿园里安装了新的运动器材，其中有一个攀爬架子。一个小朋友说：“咱们来比赛吧，看谁爬得高。”小乖一听就兴奋了起来，跃跃欲试。我在旁边也鼓励他。可是，我没想到的事情发生了，小乖爬了一半逞能想站起来，结果摔了下来，摔到了腰。

回家后，妻子冲我发了脾气，说我不该鼓励孩子逞能，男孩子本来就爱惹祸，我的鼓励只会让孩子更加不知天高地厚，分不清什么时候可以逞能，什么时候不可以逞能。可我觉得鼓励孩子逞能，孩子能从中学到不少东西，比如冒险精神、竞争精神。而且，其他小朋友都参加，他不参加就会被孤立。况且，男孩子受点儿小伤，也没什么大不了的。

该不该让小乖逞能呢？鼓励他还是限制他？

家长帮话纠结

【逞能是好事】 来自：number 1楼

坚决支持楼主。

我儿子平时也很调皮，喜欢逞能。上次小区里几个小孩子比赛从一个台子上跳下来，谁敢跳谁就是司令。结果我家儿子“逞能”，是唯一一个敢跳的孩子。虽然摔了一跤，膝盖跌破了，但其他孩子都很佩服她，儿子也成了孩子们心中的“王”。从那之后，儿子不管做什么事都非常有自信。

【不想当司令的士兵不是好士兵】 来自：自由BT 2楼

同意楼上的观点，千万不能压制爱逞能的孩子。孩子喜欢逞能，说明他不甘心当普通士兵，而是想当司令。好胜心是决定一个孩子能否成功的关键。喜欢逞能的孩子独立性、自信心都比那些不喜欢逞能的孩子出类拔萃。

楼主妻子的担心有些多余，随着孩子的不断成长，只要给他的锻炼机会足够多，他一定会分清什么时候该逞能，什么时候不该逞能的。

【孩子对自身能力的尝试】 来自：BDOG1 3楼

小乖正处于好奇心强的年龄，身边的许多事物都会引起他的关注和兴趣。他只是在用自己的方法去试探和尝试。他之所以从台子上跳下来，就是想要了解自己是不是具备这种能力。而且，小乖所谓的“逞能”只是从众行为，只是为了让自己得到同伴的认同。虽然受了伤，但无大碍。所以，楼主要将这些益处多跟妻子沟通。让妻子学会尊重孩子与小伙伴之间的友谊。当孩子想做某件事时，就放手让他们去做。即便最后做错了，也不要粗暴地指责，应该帮助他们分析失败的原因。如此才能促使小乖自觉地总结经验教训，早日走向成功和成熟。如果楼主妻子强加干涉，只会增加亲子之间的隔阂。

【看孩子的能力范围】 来自：小猪宝贝西西 4楼

遇到孩子“逞能”的情况，还要听一听孩子的意见，多用商量的口吻。不能像楼主那样一味地肯定，也不能像楼主妻子一样一味地否定。

小孩子考虑问题很简单，做起事来就会觉得自己一定能行。这时候，家长如果觉得某些事超出了孩子的能力范围，一定要劝阻，以免发生意外。而有些事只要努力就能做到，家长就不该阻止，应该鼓励。

此外，楼主有一点做得不太称职。你家小乖还小，在他逞能的时候应该暗中保护，多留心是否会有危险。毕竟孩子还不具备预见能力，不知道自己的行为会不会有危险。假如你在旁边多保护一下，相信你妻子就不会有那么大的意见了。

【将孩子的好胜心用对地方】 来自：随鹏飞扬 5楼

我觉得楼主应该把“小乖”的好胜心用对地方，让其发挥更加积极的作用。当小朋友们之间互相较量的时候，可以鼓励孩子们搞个运动会或是才艺展示。如此不仅满足了孩子们的“逞能”心理，也不必为孩子的安全担心。

专家提示

小乖的这种“逞能心理”未必不是好事，但是给逞强好胜的孩子事先“约法三章”却很必要。楼主应该在小乖玩耍之前明确告诉他，哪些事情不能做，哪些地方不能去，危险的比赛不能参加。如果孩子的好胜心很强，家长要想办法让其用对地方，发挥积极的作用。

要不要限制孩子表现自我
——“人来疯”也要有个度

【纠结案例】

一有客人来，我家柔柔就特别不听话。一会儿要吃糖，一会儿要看动画片，有时候看大人在一边说话，她就大声嚷嚷，还在沙发上乱蹦乱跳，甚至敲打墙上的东西。我如果制止，她反而闹得更厉害。等客人走了，她又恢复常态。

听隔壁邻居说，这只是孩子表现自我的方式，这种“人来疯”只要引导一下，就会起到积极的作用。

此后，只要再有客人来，我都让孩子展示一下自己的本领，唱歌、画画……孩子再也不在客人面前乱敲乱打了。

可烦恼又来了。昨天我同事来串门，柔柔又是招待客人，又是表演节目。一会儿给同事倒水，一会儿把自己的画拿出来让客人欣赏。我同事也很配合，一直表扬柔柔。可他越是夸奖，柔柔越起劲儿，没完没了地展示，最后弄得我和同事都很尴尬。

今天她去幼儿园，见到小朋友就说自己受到了妈妈同事的表扬。

孩子这样好吗？如此表现自我是不是有点儿过头了？但要是限制她表现，会不会影响她的健康成长呢？

家长帮话纠结

【冷处理】 来自：翊馨妈 1楼

对于孩子的这种无理取闹，最好采取冷处理，不去理他，慢慢她就觉得没意思了。况且随着孩子年龄的增长，“人来疯”现象会自动消失。

【孩子人来疯的原因】 来自：宝贝乖乖 2楼

坚决反对楼上的观点。

孩子为什么会“人来疯”？因为在平时孩子是父母关注的中心，他们知道自己在父母心中拥有“至高无上”的地位，并且已经习惯了这种待遇。但是，当家里来客人时，父母的注意焦点就会发生转移。孩子为了抢回“宝座”，就会通过各种方法引起父母、客人的关注。如果像楼上那么做，孩子会觉得自己已经不重要了，就会产生自卑情绪。长时间如此，非常影响孩子的心理健康。

【掌握好“表现自我”的度】 来自：小P阳 3楼

我觉得楼主没有把握好让孩子“表现自我”的“度”。为了尊重孩子的心理需求，在客人面前让孩子有机会表现是可取的，但是要明确告诉孩子，表现自我要有度，不能表现起来没完没了。如果孩子不答应，就不让她接见客人。

当有客人来时，要明确告诉孩子：“现在妈妈要和阿姨讲事情了，你自己去一边好好玩。”如此既能让兴奋的孩子受到制约，又可以让孩子有适当的思想准备，自觉退出大人的注意中心。等客人走时，再带孩子一起送走客人，并让孩子与客人道别。

【正确表扬孩子的方法】 来自：我是小水晶 4楼

同意楼上的观点。

当孩子发现自己的一言一行都会得到别人的表扬时，就会对活动本身失去兴趣，转而把注意力放在“别人是否表扬自己”上。对于柔柔这样“爱表现”的孩子，并不是不能表扬，而是要注意方式方法：

第一，对于孩子力所能及、理所应当的事，不必给予关注和表扬，比如整理玩具、自己穿衣服、自己叠好睡衣等。这些都是本该他们自己完成的事，如果一直表扬，当你不表扬时，孩子就不会好好干。

第二，让孩子知道自己还有进步的空间。在表扬孩子的同时，也要告诉孩子在某些方面还有弱项，必须努力。比如楼主可以这么鼓励：“你画得真好，如果下次把颜色搭配好，就更棒了。”

总之，楼主对孩子的鼓励和表扬要适当，掌握好“度”，多则无益，少则不足。

【主客双方配合】 来自：斗斗男 5楼

我觉得最好的方法是抓住孩子的心理特点，对症下药。

孩子在客人面前展现自己，为的是得到客人的表扬。所以，可以请客人适当教育一下孩子，说明什么是乖孩子，自己喜欢什么样的孩子。这样孩子就会收敛了。

【让孩子明白集体讲究规则】 来自：甜甜美美地笑 6楼

楼主明显很少带孩子与外人接触，才导致孩子如此极端。所以，你应该这样教育孩子：

多带孩子和外人接触，经常去公园，去郊游，满足孩子的好奇心和探索的欲望，并教给孩子一些待人接物的礼仪和技巧。这样既能满足孩子的表现欲，又能让孩子明白哪些行为妈妈不喜欢，哪些行为坚决不能做。

还要让孩子感受一下集体生活，告诉他集体讲究规则，不能随便打断别人说话，更不能无理取闹。向客人问好后，就要自己去屋里玩，不能表演个没完。如此客人才会觉得你是个有礼貌的好孩子。

如果孩子仍然“人来疯”，就明确制止，然后让孩子冷静一段时间，不要理他，等客人走后再进行惩罚，先指明惩罚的原因，比如没礼貌、乱吼乱叫，然后罚站几分钟等，逐渐纠正孩子的“人来疯”行为。

【不必过分压制，不妨事先约定】 来自：棒棒猪妈 7楼

我觉得楼主不妨事先与孩子约定好，客人来之后第一件事是向客人表演节目，时间控制在10分钟之内。接下来就是父母和客人的谈话时间，双方互不干扰。谁违反了“游戏规则”，就要受到相应的惩罚。

综上所述，楼主应该这么做：

(1) 减少对孩子力所能及、理所应当的事的夸赞，只有那些需要通过努力完成的事才要表扬。

(2) 让孩子明白自己还有进步的空间。

(3) 抓住孩子的心理特点，对症下药。

(4) 让孩子明白集体讲究规则，谁违反了规则都要受到惩罚。

PART/ 04

性格培养上，处在“独立”与“疼爱”的纠结中

该不该扶起跌倒的孩子
——是呵护还是放任

【纠结案例】

在网上看到这样一个故事：

一个中国孩子摔了一跤后，妈妈急忙跑上前去扶起孩子，给孩子拍去身上的土，安慰说："孩子摔疼了吧，不哭啊，宝贝。"扶起孩子后，背着他走。

一个外国孩子摔了一跤后，父母都不去帮忙。妈妈要求儿子自己爬起来，不能哭，还说要他们在哪里摔倒的，就在哪里爬起来。

前者教育方法让孩子过于依赖父母，独立性差；后者则锻炼了孩子的毅力，还能养成他独立生活的态度和能力。但是，据说后者的孩子会因此变得冷漠。

我家孩子也一岁半了，学会走路好几个月了。他不小心跌倒后，我也让他自己爬起来，可是他就是不动。这要怎么办呢？扶，担心孩子过于依赖父母。不扶，总不能让他一直趴在地上吧，孩子越来越冷漠怎么办？纠结啊！

家长帮话纠结

【摔跤很正常，不扶为佳】 来自：dongzi09 1楼

孩子跌倒了，不能扶。你去扶他，他肯定会哭。不扶，他也许不哭。我家孩子从小就没扶过，现在不到3岁，摔倒了马上自己站起来，再痛也是站起来后才哭。孩子很独立，也很活泼可爱。

分享一下我的经验：

孩子刚走路时，摔跤很正常。但孩子哭，是因为疼，这种哭不会持续很长时间。如果家长表现出心疼或者紧张的情绪，比如跑过去扶或大叫，孩子肯定会放声大哭。家长以为孩子摔疼了，其实是家长的紧张吓坏了孩子。

【扶与不扶，年龄决定】 来自：金猪石头妈 2楼

反对楼上的观点，孩子跌倒扶与不扶，由孩子的年龄决定。楼主家孩子还不到两岁，当然要扶。两岁以上的就不用扶了，他自己有力量站起来。

【千万不要去扶】 来自：快乐麦兜 3楼

楼上说的不对，孩子都会走路了，肯定能自己站起来了。如果楼主现在扶，等两岁之后养成了习惯，就很难改变，到时候你不扶都得扶。因此，我的建议是：孩子跌倒了，千万不要去扶。

也许楼主会怀疑我是个后妈，但楼主一定要按照我说的去做。

首先，孩子跌倒在所难免。只要会走的孩子，跌倒了就能够自己站起来，所以你不要去扶。有了第一次的妥协，就会有第二次、第三次。所以楼主一定要狠下心。

其次，孩子这么小，重心低，跌倒了一般不会造成大问题，所以不要惊慌，叫他自己站起来。

再次，孩子已经跌倒了，你再心疼也没用。所以，你要做的就是鼓励孩子找出跌倒的原因，下次才不会轻易跌倒。比如，是不是被路边的障碍物绊倒的，如果是，要告诉孩子下次一定要看路。

最后，叫孩子自己起来，不仅锻炼了孩子的能力，同时也增强了他的信心和勇气。

【具体情况，具体对待】 来自：大鼠小宝 4 楼

楼上的说法也太绝对了。楼主听了他的话，很可能成为不称职的父母，对孩子造成意想不到的伤害。称职的父母会根据孩子跌倒的受伤程度来决定到底该不该扶。

当孩子在家里木地板、地垫、泥土路上摔倒时，家长应该对这些小磕小碰泰然处之，连一句“自己站起来”都不用说，因为孩子多半会自己爬起来接着玩。有的孩子依赖性比较强，比如楼主家孩子，已经习惯了摔倒后有人抱。这时，你应该蹲在孩子身边，温柔地说：“宝宝，自己站起来吧，来吧，到妈妈怀里来。”

孩子平时都会自己站起来，可这一次偏偏趴在地上可怜巴巴地看着妈妈。这时候，孩子是在向你暗示：我现在需要你的关心。妈妈可以温柔地说一句“要妈妈帮忙吗？”孩子如果需要，就会把手伸给你。妈妈把孩子包起来后，亲一亲，让孩子在你的怀里撒个娇。要让孩子意识到自己的情感表达和要求得到重视。

有时候孩子的确摔得比较厉害，甚至出血了，家长就一定要及时赶过去把孩子抱起来安慰，否则会对孩子造成心理创伤。

【自立不是自理】 来自：辣椒宝宝 5 楼

对于 3 楼的说法，不敢苟同。孩子在幼儿时期最重要的学习手段就是模仿。当他摔倒之后没人管他，他以后也会模仿这种行为，遇到其他人摔倒时也会置之不理、不闻不问。

家长对孩子的态度影响着孩子的性格。孩子摔倒后，不扶是对的，但不理是不对的。当孩子站起来之后，一定要理孩子，但是不能采取以下态度。

第一种：置之不理，假装没看见。在这种教育下成长的孩子大多缺乏爱心。他遇到挫折时没有得到爱和安慰，他就只会用这招来应付别人。不客气地说，有一天你摔倒了，孩子很可能也不会帮你。其实不是他不做，而是他真的不会。

第二种：咬牙切齿式。比如“不是叫你慢点儿跑，就是不听，摔倒了有什么脸哭？”在孩子摔倒后，不许孩子哭，打击孩子，就很容易给孩子幼小的心灵留下阴影，严重的还会造成孩子人格扭曲。

第三种：幸灾乐祸式。比如“说了不让你跑，这下可好，摔了，舒服了吧！”这种态度会打造出一个遇到困难就逃避的消极孩子。

【切勿断章取义】 来自：老肥猫 6楼

同意楼上的说法。

很多家长只讨论孩子摔倒后该不该扶。可是，我们只看到西方家长不扶孩子，却没看到人家是怎样鼓励安慰孩子的。

在孩子自己站起来之后，我们必须要做的两件事是：

第一件：及时给予拥抱、鼓励、安慰。

可以说：“宝宝真勇敢，来，让妈妈抱抱。”如果孩子哭了，就让他趴在我们的怀里哭，让孩子适当地释放心中的压力和不快。

第二件：鼓励孩子重试。

可以说：“让我们来看看刚才为什么会摔倒呢？是不是没站稳呢？没事，咱们再来试试，加油！”陪孩子一起总结摔倒的原因，引导孩子学会成功地保护自己。

只有以上的两件事都做了，孩子才能具备“从哪里摔倒就从哪里站起来”的精神。

专家提示

综上所述，楼主不要过度保护孩子，应该抓住孩子“容易摔跤”的时期因势利导，培养孩子的独立性格。但也不能过于强调孩子的独立性，而忽视了孩子对父母的强烈依赖感，让孩子失去了从父母那里获取建立信任感和安全感的机会。

该不该扶起跌倒的孩子，具体情况应不同对待。可以参照 4 楼的做法。但是不管怎样，在孩子站起来之后，都不要采取置之不理的态度。要给孩子一个大大的拥抱，安慰之后帮孩子找到摔倒的原因，这样才能不再重蹈覆辙，避免更大的伤害。

该不该干预孩子交朋友
——限制还是让他自己选择朋友

【纠结案例】

女儿小鱼上中班了，平时很是乖巧听话。但前段时间，我发现孩子越来越“坏”了。

前几天，我发现她书包里装了零食，就问她：“老师不是说不让带零食去学校吗?”女儿说：“乐乐就经常带，老师从没有说过她。”

女儿上的幼儿园离我家也就20米。为了锻炼孩子，我们从不去接她。平时，她一放学就回家，可昨天晚上却很晚才回来。问她干什么去了，她竟然对我撒谎。我很生气，训斥了她一番。想不到她说：“乐乐教我的，她说我这么说，妈妈就不会生气了。”原来孩子之所以变“坏”，都是乐乐教的。

今天去幼儿园开家长会，从老师口气中，我能感觉到她对乐乐的父母有些不满。散会后，老师还建议我家小鱼少跟乐乐在一起。

以前，小鱼和谁做朋友就和谁做朋友，我坚决不插手。但这次既然老师都说，我就不得不考虑了。为了了解乐乐，我让小鱼邀请她到家里玩儿。可这个小姑娘到了我家里竟然乱翻东西，还时不时地大吼。小鱼要是发表不同意见，她还拿玩具打小鱼。

真担心我家孩子跟乐乐一起会越来越“坏”，我该怎么办？该不该干涉孩子交朋友呢？

家长帮话纠结

【肯定要干预】 来自：摩羯小妞 1楼

个人认为还是要干预的，益友良师，一个有益身心的朋友会成为你生活、学习上的老师。相反，一个不益身心健康的朋友会将你引向深渊。小孩子辨别能力差，很容易受到小朋友的影响。既然连老师都发话了，那乐乐在学校肯定特别招人嫌。如果楼主让你家小鱼和乐乐玩，老师也会对你家小鱼有“看法”的。

当然，以上仅代表个人意见，仅供参考。

【让他自己选择】 来自：sky high 2楼

个人觉得还是让他自己选择朋友。

我大学期间勤工俭学，当时总有一个老太太和我过不去，我就总找借口请假。但是店长对我说了这样一句话：“在你的一生中总会遇到不喜欢的人，不要逃避。他们是你人生的一大财富，正因为有他们，你才会更加注意自己的言行，注意自己的业绩……也就是说，正是他们的存在促使了你进步。”

店长的这句话也可以用在孩子身上，不要觉得孩子遇到了“坏人”，恰是坏人才让她意识到自己不能犯和她同样的错误。在交友问题上遇到一点挫折总比一帆风顺好，至少能见识到人生百态。

每个小朋友都有自己的特性，让小鱼跟不同类型的小朋友相处，然后让她自己选择，这样不仅能提高孩子的辨别能力，也能让孩子努力适应环境，通过处理和乐乐之间的问题，小鱼才会越来越成熟，个人能力也会越来越强。

【儿子交友，干涉不奏效】 来自：小鱼儿 3楼

干涉交友，在我家显然不奏效。上次我告诉我儿子，不能跟一个霸道的小男孩交朋友，儿子竟然说：“他身上也有很多优点，妈妈你别光看到他身上的缺点，对那些优点则装没看到。”被孩子这么一说，我都觉得自己很狭隘了，就对儿子说：“你还小，不理解妈妈。我都是为你好。”儿子更烦了。

【适当引导孩子】 来自：春耕宝 4楼

楼上之所以出现这种困惑，是因为你的做法不对。家长单纯地从自身的思维角度去分析，必定缺乏客观性，必然无法引发孩子的认同感，引起孩子重视或思考。当然，强制命令孩子也是不对的，类似“你不许和××玩”这种话，只会引起孩子的逆反行为。至于“你还小，不理解妈妈”之类的话也没用。因为孩子会觉得，是你不理解他。

正确的做法是适当引导孩子，帮助孩子明辨是非，不是直接告诉孩子：“这个人我不喜欢，你以后不许和他玩。”因为这样做不利孩子交友能力的发展。孩子在不断成长，接触各种各样的人也是他成长的一个过程。

孩子就应该从小学习结交小伙伴。父母则应该指点他们进入一个愉快而又适宜的集体，而不是代替他们思维，代替他们分析。

【做个聪明妈妈】 来自：孟欣若云 5楼

如果我是楼主，会在给女儿讲完《狼来了》的故事之后讨论说谎的问题。然后问女儿：“你为什么喜欢和乐乐交朋友呢？”“我们对乐乐说谎的事感到不舒服，你对这件事有什么看法呢？”说话时，不要让自己显得专横霸道。然后再说：“我觉得乐乐不是一个坏孩子，只是她生活的环境太复杂了，不利于她的健康发展。”如果小鱼说：“我也这么觉得。”你就要说：“我很高兴你和我想的一样。”别跟孩子对着干，想

办法让孩子和你站在同一条战线上。可以问一些小鱼和乐乐相处时遇到的问题，你帮她分析，给她提建议。但是，千万不要硬性阻止小鱼和乐乐的交往，更不能用攻击性的话语来谈论乐乐。比如“那孩子多恶心”，这样适得其反。

【帮助孩子学会交朋友】 来自：小豌豆公主 6楼

聪明的父母，不是干涉孩子交朋友，而是帮助孩子学会交朋友。下面给家长几点建议。

（1）善意的提醒和建议，不加以干涉。可以提醒孩子，交朋友应该注意些什么，告诉孩子什么样的朋友才是真正的朋友。

（2）细心观察，给予指导。

孩子毕竟是孩子，与小朋友交往中难免出现各种各样的问题。家长此时应该细心观察，给予指导。平常也可以引导孩子谈谈他们的朋友，侧面了解孩子的交友情况。比如聊天时，你给孩子讲自己的朋友，孩子也许就会跟你讲他的生活圈子。了解情况后，好的现象予以鼓励和支持，不好的现象给予提醒和建议。

（3）与孩子朋友的家长主动交往，共同指导孩子、带动孩子。

孩子成了朋友，家长都有交往的需要，因为家长都存在某种担心。家长们来往之后，对孩子是一种促进，许多具体问题就容易解决了。

专家提示

综上所述，孩子的社交生活是属于他们自己的一片天地。聪明的父母不会干涉孩子交朋友，而是帮助和引导孩子学会交朋友。希望在楼主的帮助下，小鱼能从朋友身上汲取友爱的营养，从错误中学会如何选择真正的朋友，信心十足地把持好自己今后的社交生活。

孩子之间的小矛盾该不该出面调解
——是帮助出面调解还是任由孩子自己解决

【纠结案例】

今天去幼儿园接儿子时遇到了一件事：甲和乙两个小朋友本来在并排走，但甲很淘气，推了乙一把。乙也不示弱，就踢了甲一脚。甲就追乙要揍他，乙就拼命往幼儿园门口跑，边跑边笑。甲经过一番努力，终于追上了乙，打了乙一拳。这一幕恰巧被乙的妈妈看到，她不由分说便抓住甲，训斥一番。甲被乙的妈妈吓坏了，大哭不止。此时，甲的妈妈正好赶过来，看儿子被欺负，差点儿和乙的妈妈打起来。就在两家家长争吵不休的时候，那俩孩子却做着鬼脸一起玩上了。

回家的路上，我不由开始反思。如果我儿子被打了，我也许会和乙的家长一样出来保护儿子。如果我儿子打了别人，我也会安慰对方的孩子，并让儿子道歉，回家后再教育孩子不能打人。可是看了今天这一幕，我觉得孩子之间打架，我们大人掺和进来未免有点儿多余，可是转念一想，如果不管，万一打坏了，对双方都不好。

到底怎么办好呢？

家长帮话纠结

【不要多此一举】 来自：小鑫 1楼

幼儿园的小朋友难免会产生矛盾，今天你碰我一下，明天我不服你，动手在所难免。但是，孩子既然和好如初，那两位家长就显得多此一举了。

孩子之间的吵闹只是不懂事的表现，我们不应该以成人的眼光对待。有的小朋友喜欢摸别人的头，可另外一个小朋友讨厌别人摸他的头，于是矛盾就产生了。本来不是什么大事，可家长一旦参与进来，就会把小事升级。这样不仅不利于孩子处世能力的培养，也不利于孩子良好性格的养成。如果真发生了什么大事，幼儿园老师也会处理的。

孩子迟早要走出父母的怀抱，单独面对社会，所以，家长还是早点儿放手，让孩子自己解决吧。

【可以参与其中】 来自：霓虹雨中 2楼

我觉得，孩子之间如果发生矛盾，可以阻止并适当教育。毕竟小孩子下手没轻没重，一不小心就会有危险。当孩子发生争吵的时候，建议家长这么做：

（1）转移注意力，冷静处理。

当孩子争吵非常激烈，有打架的趋势时，父母可以先用转移注意力的方法，比如，“这玩具是谁的呀？”或者说：“哎呀，那里有一只蝴蝶。”这样孩子就顾不上争吵了，会去看玩具和蝴蝶。等孩子冷静之后，大人再询问孩子争吵的原因。

（2）听清原因，不轻易评判。

有的父母发现孩子争吵，就说“不要吵了”“谁吵我就打谁”。这种方法是错误的。不管孩子因为什么原因吵起来，家长都一定要问清原因后再作评判。最好采取调和的手法，鼓励孩子自己承认错误，让他们互相说“对不起”。

（3）公平的评判，别偏向任何一方。

要以理服人，偏向任何一方，都会使孩子是非不分，影响孩子的个性发展，以致影响孩子正确认识做人的标准。

【孩子打闹好处多】 来自：肖七七 3楼

我是一名幼儿园老师。我觉得，孩子在刚进幼儿园时很容易闹矛盾，但一段时间过后，他们就会逐渐适应这种集体生活，减少矛盾。在这期间，家长不会时刻跟着孩子，使孩子学会了自己处理矛盾。所以，我们应该相信孩子能处理好矛盾。家长不要轻易介人孩子的“战争”。

在大多数情况下，小孩子打架根本无须调解，他们自己一会儿就和好如初了。从遇到矛盾，到解决冲突，再到和好如初，孩子们不仅了解了“自我”与“他人”的关系，也了解了蛮横、不讲理行不通。他们也会了解，只有与人和平相处才会收获朋友。

当然，如果孩子之间的打闹过于激烈，就必须管一管。可以平心静气地帮孩子分析原因，让他们站在对方的立场辨别一下“孰是孰非”，这样才是正确的做法。

【静观其变，等孩子求助】 来自：青烟袅袅 4楼

当孩子与别的小朋友发生矛盾时，家长最好先旁观，让他们自己处理。当孩子们无法解决矛盾，向家长寻求帮助时，家长再出手。

前两天我带儿子到附近的餐厅吃饭。儿子很喜欢超市里的购物车，一直推到了餐厅。吃饭时，购物车被一个和儿子差不多大的小女孩推去玩了。儿子一看就急了，伸手去拉车子，还对小女孩说：“这是我的，里边是我妈妈买的东西。”小女孩好像不太会用语言表达自己的意愿，

只是死抓着车子不放。这时，小女孩的外婆出面说了她一句："快把车给小哥哥吧，别那么霸道。"小女孩却对外婆的话充耳不闻。俩孩子就这么僵持，谁也不肯放手。我对小女孩的外婆说："不要管他们，让他们自己解决吧！"。

僵持了5分钟，儿子对我说："妈妈，我想回家。"我就对小女孩说："你去送送小哥哥好不好？"然后，儿子就和小女孩一起把车推到了餐厅大门外。一出门，小女孩便自动松开了手，儿子还大方地对小女孩说"再见"。

刚开始，我希望孩子能通过自己的方式解决问题，当他们发现自己解决不了的时候，就会发出求救信号，比如"回家"。其实，儿子的意思就是希望妈妈来帮他收拾残局。这时候，家长就要巧妙地给出一个中立的建议，给两个孩子一个台阶下。

很多时候，是我们大人太狭隘了，打扰了孩子们的"雅兴"。所以，在日常生活中，我们要放手让孩子自己解决交往中遇到的问题。如果孩子解决不了，家长再出面帮忙。

【争吵是普遍而自然的现象】 来自：兔兔成小龙 5楼

孩子在一起玩耍，争吵是普遍自然的现象。从心理上讲，孩子往往以自己为中心，不了解别人的心理和要求，不容易接纳同伴的意见，所以常常通过争吵的形式来争辩说理，来了解对方的想法。而通过争吵，孩子还能激发自己的表达能力，从争吵中学习说话，学会忍让、宽容、接纳别人。

面对孩子间的冲突和矛盾，建议楼主这么做：

(1) 遵循成长原则，不要急于解决。

（2）不要武断定论是非对错，耐心倾听。

（3）不偏袒自己的孩子。

（4）纠正孩子的错误行为，教给孩子一些交往技巧。

（5）要鼓励他多与同伴接触。

哭闹的孩子该不该抱
——是抱起来哄还是让他一次哭个够

【纠结案例】

我家宝宝很爱哭闹，只要一哭，奶奶就会抱他。老人家比较宠爱孩子，从来不让孩子哭，一哭就抱。孩子现在6个月了，一哭闹就得抱，不抱哭得更厉害。但是，孩子姥姥说，一哭就抱会惯坏孩子，长大了就会依赖父母、无法独立。可是，我孩子一哭我就不忍心，而且孩子这么小，如果不抱，他会缺乏安全感的。真不知道该怎么办才好。希望有经验的妈妈们多出谋划策。

家长帮话纠结

【最好不抱】 来自：孔雅婷 1楼

我觉得，如果孩子不到5个月，可以抱。但你家孩子都6个月了，如果还是哭闹，建议首先去咨询医生有无病理原因。

如果你发现孩子一抱在怀里就安静，一放下就哭声震天，这时候就要小心了。因为孩子认为哭是让你抱他的有效办法，他是在用哭来达到目的。这样不仅楼主受累，孩子也会养成不良习惯。所以，建议楼主在确保孩子安全的前提下，由着他哭闹，暗示他哭闹已经不是一个有效的办法。经过几次，孩子就既不哭也不闹了。

我家孩子第一天哭闹了一个小时，第二天哭闹时间就明显缩短了，只哭了 20 分钟。到了第三天便不怎么哭了，一个礼拜之后就完全不再哭闹了。虽然方法有些残忍，但为了孩子良好习惯的养成，忍一忍吧！

【时机不成熟】 来自：加薪宝宝 2 楼

我觉得还是要抱的，毕竟家庭是孩子的第一个社交群体，家长有责任给孩子安全感。两岁之前孩子的意识还不健全，无法表达自己的思想，只能用哭示意。我家孩子一岁之前一哭闹都要求抱，大人如果不理孩子的哭声，孩子就会认为父母不在乎她。

总之一句话：孩子还小，等孩子大了，你想抱都不让你抱了。所以，珍惜现在的机会，不要怕以后累，哪个父母不累啊！

【具体问题，具体分析】 来自：为爱飞翔 3 楼

如果孩子哭，应该先判断孩子哭的原因是什么。

首先，检查一下孩子的尿布、衣服，是不是因为排泄物造成的不舒服。如果是，就要尝试教孩子学会一些暗示语，用不同的姿势或声音来表达吃饭、喝水、大便等。

其次，看孩子是不是躺得不舒服。

再次，寻找一下外因，比如，噪声太大、光线太强、太安静一成不变等。

最后，看孩子是不是觉得玩具太单一。

总之，孩子“哭闹”并不只是简单地表达“抱”与“不抱”。孩子或许只是在用“哭”来吸引你，让你帮助他解决问题。平时家长应该给孩子营造一个温馨的环境，然后潜移默化地影响到孩子，让孩子了解到，其实微笑是比哭闹更好的语言。

【停止哭泣再抱】 来自：紫诺 4楼

对于1楼放任孩子哭一个小时的做法，我是做不到的。孩子在一周岁之间，不要让他们丧失安全感。他们需要妈妈的安慰和安抚，妈妈的怀抱和气味最能安抚孩子的情绪。

但是我在抱孩子之前会告诉孩子：如果你哭，妈妈就不抱了。6个月的孩子能听懂话了，你这么一说，孩子肯定不哭了。然后你再去抱他，并且告诉孩子下次想让妈妈抱抱的时候不要哭，可以用某个姿势表达。

【最重要的是玩儿】 来自：金俊 5楼

孩子哭闹的时候，我一般不抱，而是采取以下几种方法，楼主可以试试：

（1）放一些舒缓的音乐，让孩子安静下来。比如“虫儿飞”童声版。

（2）爸爸妈妈唱歌给孩子听，尽量选择轻柔的歌。

（3）适当的爱抚。把灯光调暗，轻轻抚摸孩子的身体，从头到脚。当然，这是在孩子情绪稳定的状态下。当我这么做时，孩子一般会安静地睡着。

这几种方法不见得一次就奏效，建议多试几次。但是绝不能放任孩子哭闹下去。要知道，母爱是孩子最原始的需求。

专家提示

综上所述，给小婴儿足够的拥抱、安抚，对他未来建立安全感、信任感，以及稳定的情绪有正面帮助。但是，父母照顾孩子也不需要过度紧张，偶尔稍微偷懒，让宝宝小哭一下（如5~10分钟）反而是好的。当孩子大哭的时候，一定要及时安慰，否则对孩子的身心健康不好。另外，孩子的哭声并不只是想让你“抱”那么简单。找出真正的原因，并采取合适的办法安抚孩子情绪，才是善法。

孩子任性，该不该打
——是训斥惩罚他还是晒着他

【纠结案例】

宝宝越大越不听话，说脏话、不好好吃饭、摔东西，越来越任性。不管我怎么耐心地讲道理，他就是不听。上次带他去朋友家，他竟然顺手拿了人家的东西。回家后，我告诉他这是不对的，是小偷的行为。想不到孩子竟然理都不理我，还说我说的是废话。当时真想揍他一顿，可还是忍住了。

真担心我的孩子越来越任性，可是打了又担心伤害到他的自尊心。小区里的妈妈们都提倡不打孩子。俗话说“三岁看大”，我家孩子马上3周岁了，现在不教育好，大了更难教育。

家长帮话纠结

【不打不成材】 来自：隐桥 1楼

我原来也不赞同打孩子，可真有了孩子之后才发现，不打不成材，不打不听话。况且，打孩子也有很多“积极意义”。比如，让孩子迅速学会远离危险物，避免肉体伤害；避免孩子做坏事；克服孩子的自我中心倾向，纠正任性；让孩子学会克服挫折，改正自身错误；树立正义的概念等。

但孩子如果太过分，一定要打，而且最好一次见效。孩子消气之后，大人要及时疏导、教育，至少让孩子知道在这件事情上，为什么会挨打，应该怎样做。否则打得多了，孩子起了逆反心理，再怎么打也不管用了。

【语言需要提早开发】 来自：xuan 妈妈　2 楼

我觉得还是最好不打。

3 岁孩子的是非观念不强，分不清什么是对的，什么是错的。家长要慢慢引导，多和孩子沟通。孩子也是有思维能力的人，打孩子只能带来片刻的屈从。要动之以情、晓之以理，让孩子认识到自己的哪些行为是错的。打孩子只会对孩子造成不良影响，比如，影响亲子关系、养成孩子暴力倾向、伤害自尊心、造成懦弱、自卑的性格、导致拘束、紧张情绪、学会撒谎等。

【家庭是早教最好的课堂】 来自：顽皮乖宝　3 楼

楼主的育儿经验不足，才导致了孩子任性。想要做一个成功的好妈妈，不妨从以下几点入手：

（1）多一分沟通，多一分了解。平时多抽出时间和孩子交流沟通，多一分了解，就少一分误会。这样一旦孩子任性的时候，你才会针对他的性格引导孩子。

（2）多学习育儿新知识。多学习育儿知识可以帮助家长跳出自己的成长经验，及时调整教育观念。

（3）耐心倾听。当孩子拿了别人的东西后，不要以为孩子就是个“小偷”。问问孩子原因，了解孩子的想法，然后想办法解决问题。或许孩子只是觉得这个东西好玩，并不是大人眼里的“偷”。

（4）尊重孩子，给孩子讲道理。让孩子从其他人的角度去体会一下，真正明白自己的行为会如何影响他人。比如可以这么对孩子说："你想想，如果别人拿了你的东西，等你想玩的时候找不到，会不会着急?"

（5）屡教不改的情况下，要让孩子"自食恶果"，当然前提是保证孩子的安全。比如孩子不好好吃饭，那就让他饿着。让孩子通过自身的切实体验，就会意识到自己的任性不对。

（6）和孩子商量。比如，当孩子想要跳沙发的时候，家长却不同意。与其双方都不愉快，倒不如各退一步。孩子可以跳，但必须到卧室的床上跳，或者给孩子规定时间和次数，只能跳几下。

（7）生气的时候不管教孩子。因为我们在生气时容易失去理智，打完孩子也会后悔。我曾经在情绪失控的情况下打过孩子。过后非常后悔。其实孩子 3 岁了，和他讲道理他明白的。

【注重平时的培养】 来自：燕儿宝贝 4 楼

对于孩子的任性行为，不能不管，也不能训斥，更不能打骂。对不允许的事，态度要坚决。对不合理的要求，坚决拒绝。

楼主可以这么做：

（1）故意冷落。当孩子发脾气或者摔东西时，要学会冷落他，即使他抱着你的腿哭，也要表现得无动于衷。当孩子意识到无论他怎么做都无法让你改变主意时，他就会不那么任性了。

（2）预防任性，约法三章。当你掌握好孩子的任性规律后，就要事前约法三章。比如带孩子去超市，和他约好只买牛奶，不可以买垃圾食品。孩子答应再带他去。

（3）转移注意力。孩子大哭大闹时，你要想办法转移他的注意力。比如说："看，那个蚂蚁跑得真快。"一般情况下，孩子都会站起来跟你看蚂蚁。

（4）适当惩罚。当孩子摔东西时，家长要对他的行为作出批评，并要求孩子将东西捡起来。如果孩子不服从，就要适当惩罚一下。当然不是打孩子，比如可以取消给他买某件东西的承诺。

（5）如果孩子不像原来那么任性了，就要给予积极的表扬和夸奖。这样孩子才会懂得什么是大人赞成和允许的，什么是大人反对和制止的。

【不能打孩子的几种情况】 来自：丫丫头上的花 6楼

以下几种情况，不能打孩子：

（1）孩子犯的错，是因为父母没有事先告诉孩子不能这么做，或者父母没有把话说清楚。

（2）孩子所犯的错误，父母也在犯。

（3）生气的时候不能拿孩子出气。

（4）不到3岁不要打，如果孩子特别调皮，适当地打一下也无可厚非。但是必须让孩子知道自己错在哪里了。如此才能起到教育效果。

专家提示

面对孩子的任性，建议楼主采用以下方法：

（1）冷处理。他任性，你不去答理他就好了。

（2）预防任性，约法三章。

（3）转移注意力。

（4）自然惩罚法。比如孩子想吃辣的东西，你不让他吃，他偏吃，就喂他吃一口。让他常常辣的滋味。

（5）转移注意力。

（6）适当惩罚。

孩子之间的个性有很大差异，采用哪种教育方法还要靠自己摸索。但如果孩子特别调皮的话，适当地打几下也OK的！教育孩子，要多些耐心，多些信心，多些爱心，多些细心。

哪一种方式更适合孩子成长
——参与竞争还是自得其乐

【纠结案例】

最近，我和炯炯爸爸因为教育孩子的问题争吵起来。炯炯爸爸认为如果想要孩子出类拔萃，就要从小参与竞争，提前适应优胜劣汰的环境。孩子可以在竞争中不断挑战自己，确立自信，并慢慢学会应付挫折感。

但我却不这么觉得。炯炯只有3岁，提前参与竞争只会让孩子在压力中长大，对孩子良好性格的养成无益。孩子得第几名并不重要，快乐才最重要。

炯炯爸爸为了让孩子积极参与竞争，经常“耍手段”。比如跟孩子说：“如果你能比爸爸穿衣服快，就奖励你一个玩具车。”“咱俩比赛，看谁先穿好鞋子，获胜的可以得到一块巧克力。”“如果你得了第一名，我就带你去旅游。”炯炯每次都上钩。赢了活蹦乱跳，输了就泪珠涟涟。这让我心里不太舒服。

到底哪一种方式更适合孩子成长呢？参与竞争还是自得其乐呢？

家长帮话纠结

【训练孩子参与竞争】 来自：红色摇摇环 1楼

我赞成炯炯爸爸的观点。

本来，我也一直觉得没必要逼孩子竞争。但是上次我带孩子出去参加活动，才发现原来自己的儿子根本没胆量和别人比。当孩子们要比跳远时，儿子就自动退出了。我问他为什么，他说："我肯定比不过他们的。"他的这句话让我很是担忧。现代社会优胜劣汰，如果孩子这么下去，肯定会被社会淘汰。因此，我们开始让他参与了竞争。孩子现在出去也放得开了，别的小朋友说要比什么的时候，他再也不退缩了。

【并不是每个孩子都乐意参与竞争】 来自：布布兔斯基 2楼

不太赞同楼上的做法。

我是一名早教老师，根据我多年的教学经验，并不是每一个孩子都乐意被进行比较。有的孩子觉得是否被比较无所谓，根本不愿意配合，甚至会产生抵触。

家长之所以急于让孩子参与竞争，原因基本来自家长之间潜意识的"较量"。比如看到邻居家孩子得了第一，就想我家孩子为什么不行呢？正是因为这种比较，才导致很多家长只注重竞赛的结果，根本不关心孩子到底喜欢不喜欢竞争。

【掌握好度】 来自：南宝妈妈 3楼

对炯炯爸爸的做法颇有微词。如果让家庭中类似的竞争鼓励过于频繁，甚至每天都以成败论犒赏，孩子不仅会产生过大的压力，还会产生一种错觉：爸爸的爱与我的成绩、能力有关。如果我成绩、能力不足，爸爸就不爱我了。

所以，建议炯炯爸爸在鼓励孩子参与竞争时，一定要把握好尺度，不要事事竞争、时时竞争。如果原本有益的竞争变了味道，让孩子偏执，甚至走向歧途，就得不偿失了。

【时机未到】 来自：wuqih0908 4 楼

我家孩子 3 岁时也不喜欢参与竞争，但是到了 4 岁就开始不断和同龄小朋友较劲儿。比如，谁画的圆更圆、谁能最快把一块冰含化了、谁垒的积木最高、谁扔石头扔得最远……这时候孩子的竞争才是本能的，不可或缺的。孩子在竞争中学会了评价自己和别人的能力，学会了与别人相处，学会了面对压力，学会了自信，学会了应付失败和成功。所以，建议炯炯爸爸不要着急，再等等看。至于成败输赢到底意味着什么，还需要孩子慢慢消化。

【顺应孩子的天性】 来自：fujingkun 5 楼

同意楼上的做法，还是顺应孩子的天性最佳，一味地要求争强好胜，不免过于“残酷”。即使孩子在竞争中获胜，也不见得是好事，因为孩子不可能永远胜利。

建议楼主可以这么劝说炯炯爸爸：“竞争不是通向成功的唯一途径。孩子还小，不能完全理解竞争对他的生活有什么影响。对孩子来说，‘竞争’只是为了完成一个‘任务’，完成了得到一些鼓励，他就很满意。”

孩子的竞争和大人的不一样，他们大多是在游戏中竞争。家长在孩子成长发育的启蒙阶段需要做的不是插手干预，而是积极的引导和鼓励。不应该说“给他们点儿颜色看看”“你比他们强多了”之类的话，应该说“大胆去做吧，我们支持你”。让孩子在鼓励和关爱中慢慢成长。让孩子们在游戏过程中竞争，以游戏的态度竞争，让孩子明白“不求名次，重在参与”。

专家提示

综上所述，不管是参与竞争还是自得其乐，都要顺应孩子的天性。一味地强求孩子争强好胜不免过于“残酷”，更不能让家庭中类似的竞争鼓励过于频繁。一定要把握好尺度，不要事事竞争、时时竞争，避免孩子偏执。

孩子“顶嘴”
——鼓励还是打压

【纠结案例】

我女儿心心三岁半了，一直挺听话。可最近不知怎么回事，不仅脾气见长，还时不时地跟我顶嘴。今天心心又跟我顶嘴了，我生气地说：“不许顶嘴，妈妈都是为你好。”这句话恰巧被我的邻居——一位德国妈妈听到了。她告诉我，在德国，父母都是鼓励孩子与大人顶嘴的。因为孩子和你顶嘴，说明他在长大，走向成熟。而且，让孩子参加辩论，能够更加有利于孩子的成长，有利于培养孩子独立思维的能力。

回家后我仔细思考一番，觉得这位德国妈妈说得很有道理。但是在中国，顶嘴被认为是不礼貌的表现，而且孩子总是顶嘴，家长不仅觉得烦，还有一种权威被无视的感觉。那么，孩子“顶嘴”是该鼓励还是该打压呢？

家长帮话纠结

【鼓励争辩】 来自：eva008　1 楼

我觉得应该鼓励孩子与家长争辩，发表自己的意见和看法。

其一，孩子与你争辩，说明她已经具备了独立思维能力。只要楼主加以引导和鼓励，孩子就能很好地发展。对于孩子来说，这是走向成熟很关键的一步。

其二，让孩子觉得父母和自己是平等的。因为楼主的潜意识里没有平等对待孩子，所以才会强制命令孩子不许顶嘴。如果想要孩子更加喜欢父母、尊重父母，就不能打压孩子顶嘴。

其三，通过辩解，让孩子知道你为什么要她这么做，如此她才会心悦诚服地去完成。

其四，让我们更了解孩子，并从中受到启发。

一句话，积极鼓励心心顶嘴，利大于弊。

【不能争辩】 来自：荷包蛋 2楼

我记得我小时候也很喜欢顶嘴，但是爸爸打了我一次之后，我再也不敢顶嘴了。孩子顶嘴了就是不孝敬父母，犯错了就应该听大人的话，大人又不会害你。孩子如果敢顶嘴，不仅显得没教养，时间长了，根本不把家长放在眼里。家长以后说什么他都会反驳，一点儿规矩都没有。暂时的打压虽然会导致孩子的不理解，但孩子长大之后，自会明白父母的苦心。

【语言需要提早开发】 来自：镜湖水月 3楼

楼上说“大人不会害你”，如果不给孩子争辩的机会，孩子又怎么会知道你是为了他好。而且很多时候并不是孩子的错。举个例子来说，孩子正要出门，楼主叫他把电视关了。孩子顶嘴说：“我不要，你不会自己关啊！”楼主也许会说：“你过不过来，给我马上过来关。”孩子原本想要说的话，因为你的恐吓不敢说了。或许你觉得一个不顶嘴的孩子就是好孩子，但是一个没有自己思想主见、没有反抗意识的孩子，将来怎么会成功呢？

所以，应该给孩子一个放松的环境，给孩子“顶嘴”的机会，让他把自己的想法说出来。这不仅能培养孩子的主见和独立意识，也可以锻炼孩子的口才。至于楼主说的权威问题，我觉得最好是让真理成为权威，而不是家长成为权威。如此，孩子才是幸运的，家长才是明智的。

【孩子顶嘴的原因】 来自：冰冷新 4 楼

家长只看到了孩子会顶嘴的现象，却没有想过孩子为什么会顶嘴。如果找到顶嘴的原因，就能从根本上解决问题，而不是只局限于“打压”还是“鼓励”上了。

孩子顶嘴的原因一般有以下三个方面：

第一，与大人的意见不同，但是语言能力不足，因此经常说“不要”“不好”之类的话，甚至哭泣、打人。随着孩子语言能力的增强，这种情况就会下降。

第二，自我意识的发展。比如孩子想自己决定穿哪件衣服，喜欢自己掌控事物，不想受大人的支配。

第三，对家长的态度不满。很多时候，家长会说“妈妈正在忙，你先自己玩一会儿”，或以“嗯”的方式来回应孩子。孩子觉得自己没受到重视，就会顶嘴。

家长可以通过以下几种方式来改善孩子的顶嘴状况。

第一，常跟孩子互动讨论，帮助孩子及早熟悉更多的词汇和句子，增强孩子的语言表达能力。

第二，教孩子用语言表达自己的情绪和想法。

第三，适度放权，让孩子有被尊重的感觉。比如让他自己选择自己喜欢的衣服。但是有些事不能让孩子自己决定，比如生病该不该看医生。

第四，经常和孩子聊天，让孩子有一种得到重视的感觉。

【引导为主】 来自：贝勒JOE 5楼

孩子顶嘴，家长不能害怕，要以引导为主。可以这么做：

(1) 不轻易责备孩子。尤其不能不讲方式、不分场合地胡乱批评孩子。批评时要注意自己的语气，最好能使孩子心甘情愿接受。

(2) 注意保护孩子的自尊心。用启发引导的方式让孩子的顶嘴变成见识、内涵和智谋。

(3) 鼓励孩子申辩，但是必须有理，无理搅三分是不对的。这对锻炼孩子的口才极为有利。

【给孩子话语权】 来自：wler 6楼

我觉得对于孩子顶嘴的问题，是鼓励还是分析，要看到底是什么问题。如果连“我想吃豆角，不爱吃洋葱”之类的话语权都不给孩子，这家长实在太失败了。

如果你不能接受孩子顶嘴时的语调，就要立即明确告诉孩子。在家庭里，每个人都应该受到尊重。我尊重你，给了你发表意见的权利。你也应该尊重我，不说一些粗鲁的语言。

当孩子顶嘴时，家长如果生气或冷漠地回答，会让问题更糟糕。最好的办法是等孩子和你的怒气消退之后，告诉孩子你气愤的原因，化解尴尬局面。如果真是自己错了，就要向孩子承认错误，这才是一个成功的家长应该做的。

有的时候孩子顶嘴，只是故意在显示他的能力。这时候你更要认真听，先给予肯定，再说出你反驳的观点。如此孩子才比较好接受。一味地否定，只会让孩子的逆反心理更强。即使你是对的，孩子也不愿意听。

专家提示

综上所述，楼主在应对孩子爱顶嘴的问题时，要容忍孩子“反抗期”的特殊表现，正确看待顶嘴这一普遍现象。家长不要总以权威自居，要适当放权，让孩子讲出自己的想法和观点，随时化解孩子的问题。总之，楼主应该适当地少一些“权威教育”，善待孩子的“顶嘴”，把据理力争和不礼貌分别开来。让孩子在争辩中成长和进步。

在家活泼，出门内向
——孩子是自信还是不自信

【纠结案例】

我家儿子粒粒四岁半，在幼儿园上中班，平时在家十分外向，话也很多，但一出门，他就完全变了个样。从不和院子里的孩子一起玩，见到陌生人，一句话都不敢说。有小朋友欺负他，他也从不知道还手，是个十足的“老好人”。据幼儿园的老师说，孩子在幼儿园里从不主动参与游戏。这让我很是担心，为什么孩子在家里很活泼，很霸道，可到了外面就内向、懦弱呢？有什么办法能够解决呢？

家长帮话纠结

【别太溺爱孩子】 来自：陈锋的往事 1楼

我家孩子也曾出现过“在家是条龙，出门是条虫”的现象。经过多方面分析，我觉得之所以发生这种情况，是因为孩子所处环境不同，所受到的关注程度不同。孩子在家是公主，是王子，备受关爱。可出门就成了普通人，没有人特别关注。因为心理失衡，所以出现了“两面性格”，产生不安全感，变得不知所措、无所适从，进而完全丧失自信，产生自卑心理。

【孩子两面性是好事】 来自：做事先做人 2楼

楼主不要把孩子的两面性看成坏事，其实这种变化是好事，他的倒退和羞怯恰恰说明他长大了，不再是以前那个啥都不懂的小孩子了。如今，他的认知水平比以前更成熟了，自我意识越来越强，越来越能区分自己与别人了。

【家长有意识地引导】 来自：雪花膏 3楼

如果孩子出现了“双面性格”，家长不有意识地引导和纠正，就会使这样的“症状”越来越严重，最终影响孩子良好性格的形成，导致孩子交际能力越来越差。

该如何纠正呢?

首先，多带孩子去小朋友多的地方，给孩子创造一个人际交往的环境。鼓励孩子参与同龄人的游戏，在游戏过程中锻炼孩子的沟通能力。

其次，让孩子多接待客人。如果有机会，也要适当带孩子参加各种聚会。毕竟孩子见的人多了，自信心也会变强，孩子在人前也就不那么胆小了。带孩子参加聚会时，家长要起到“榜样”作用，主动和别人打招呼、聊天，教会孩子怎么与人相处。多给孩子锻炼自己的机会，不要怕麻烦，总让孩子当笼子里的小鸟。此外，在生活中也可以经常锻炼，比如带孩子逛街、鼓励孩子问路等。

最后，常给孩子灌输“团队”“分享”“参与讨论”等思想，告诉孩子在和别的小朋友交往中要懂礼貌、守规则。只有充分尊重别人，你才会被尊重。只有遵守共同的规则，生活才会井然有序。如此，其他小朋友才会乐意跟你家孩子玩。

当孩子能主动和小朋友玩的时候，家长一定要及时鼓励、表扬。如此，孩子才会更自信、更主动地和小朋友交往。

【让孩子自信起来】 来自：眼泪寻找 4 楼

我觉得想要孩子改变两面性格，就得让孩子自信、胆大起来。当他感觉自己不比别人差时，就会主动和人交往。家长要做的就是多鼓励孩子。比如，孩子上公交车不会刷卡，只要家长多让孩子练习几次，孩子会发现根本不是什么难事。

【从根本解决问题】 来自：小儿消 5 楼

想要孩子改变“双面性格”必须“刨根问底”。

就像 1 楼说的，孩子之所以出现这种情况，完全是因为家长的过分宠溺。因此家长必须有意识地改变教育模式，对孩子要宽严相济。通过良好的交流沟通改变孩子在家庭中的核心地位，让他觉得自己和家长是平等的，都是家里的普通一员，而不是“众星捧月”，全家人都绕着他一个人转。唯有平等健康的家庭关系，才更有利于孩子较快地适应家庭环境向集体环境的过渡。

另外，平时多和老师配合，积极帮助孩子调适心理，才能更好地将“两重性格”接轨融合。

专家提示

对于孩子的双面性格，楼主不要过于担心，因为这是孩子长大的标志。但也不能对这种现象置之不理，要努力找到这件事的根源，让孩子由“两面派”变得“表里如一”。可以通过以下方法：

（1）改变自己的教育方式，对孩子的无理要求说“不”。

（2）平时多和老师沟通，积极帮助孩子调适心理，最终将两种不同的表现接轨融合。

（3）给孩子创造一个人际交往的环境，鼓励孩子多参加集体活动。

PART/ 05

教育方式上，处在“虎妈”与“猫爸”的纠结中

该不该选择教育黑白配
——严母慈父好还是严父慈母好

【纠结案例】

我和老公一直比较支持“黑白脸”的家教方式。在教育孩子的问题上，父母一个唱“黑脸”，采用打、骂、训斥的态度和方式；另一个唱“白脸”，采用哄、逗、护的方式。但我俩因为到底谁扮黑脸、谁扮白脸的问题起了争执。

我的观点是，中国历来强调“男主外，女主内”，所以我觉得严父慈母更合适一些。我小时候是妈妈管得严，爸爸很疼我，所以我从小就比较娇气，因为有爸爸做主。我一直觉得假如我有了孩子，就一定让老公唱“黑脸”，毕竟男的凶起来更有气势一些。

老公的观点是，新时代父母角色的主流是“严母慈父”。平时他工作很忙，教育孩子的重担主要落在我身上。他平时很少在家，好不容易回趟家再对孩子训斥一番，孩子肯定会讨厌他。

作为孩子的第一任老师，究竟是谁唱“黑脸”更合适呢？选择“黑白配”的教育方式到底对不对？

家长帮话纠结

【支持严父慈母】 来自：花瓣舞 1楼

楼主家是儿子，从很小就容易崇拜父亲的形象、能力和权威。因此，由父亲来主导培养孩子的健康人格和自理能力更合适。孩子一出生就对母亲比较依赖，他们已经习惯从母亲那里获得关怀，所以，母亲更适合培养孩子的丰富情感和道德意识。

因此，我支持的是“严父慈母”观点。男性很有必要扮演好家庭权威的角色。严父才更有利于培养男孩的魄力，慈母才会让男孩体会到女性的温柔和体贴。如果父亲过于软弱，就会影响到儿子的性格，让他过于阴柔，缺乏男子汉气概。

【支持严母慈父】 来自：嘟嘟王子 2楼

不同意楼上的观点，我的父母在家里扮演的就是“严母慈父”。从小我就特害怕母亲，有什么问题都是找我父亲解决。就因如此，才让我和父亲的关系更加融和。至于楼上说的“缺乏男子汉气概”之类，简直是无稽之谈。我从来没觉得父亲的威严会因为“慈爱”有所减少。我对我家儿子依旧采取“严母慈父”的教育方式，因为这对孩子的身心健康有很大好处。

【让父亲积极参与其中】 来自：xuewei 3楼

暂且不谈到底父亲是“严厉”还是“仁慈”。楼主老公有一个观点是错误的，因为不管是哪种类型的教育方式，父亲千万都不能以工作为理由对孩子撒手不管，毕竟谁也代替不了谁。母爱如涓涓细流，是父爱代替不了的。但父亲的独到眼光和处事方式是母亲无法替代的。所以，不管是父亲还是母亲，都应该多和孩子沟通，正确引导孩子看待事物。严，并不是让孩子怕你；慈，也不是让孩子无所畏惧。

【取长补短】 来自：圈圈妈 4楼

从心理学分析，父亲和母亲对孩子的影响不同。

男性总体比女性粗心，他们更多地提供孩子成长的主干，母亲的细心则提供了枝叶和养分。只有粗细结合，孩子这棵树苗才会茁壮成长。

我的观点是：各有千秋。“严母”能帮助孩子在知识技能的培养上更胜一筹，让孩子更能立足于社会。但慈母能让孩子内心更有安全感，让孩子更有自信。

不管是“严母慈父”也好，还是“严父慈母”也好，在教育孩子的时候，都不能过于偏颇。母亲如果一味“严厉”，会导致孩子缺乏爱心的呵护。父亲如果一味“慈爱”，也会导致孩子无法坚强起来。教育孩子正确的做法，应该是该慈爱时慈爱，该严格时严格。没必要分“黑脸”“白脸”。

【黑脸白脸轮流唱】 来自：孜孜妈 5楼

同意楼上的观点，白脸黑脸都得轮流唱，不能一个单严，一个单慈。否则孩子知道什么事情都会有人替他唱白脸，时间长了，家长的教育威信就会逐渐被孩子对利益的权衡所取代。比如，孩子想吃糖，妈妈不允许，他就会去找爸爸说情。爸爸如果同意，孩子以后有问题就都会找爸爸“走后门”。如此岂不害了孩子？此外，根据楼主家的情况分析，我觉得楼主应该多鼓励丈夫作决定，让他更多地参与到子女的教育中来。

【父母态度不同，带来不良后果】 来自：蒙蒙妈 6楼

不管是“严父慈母”还是“严母慈父”，目的都是希望孩子有一个“有人疼爱，又有人教育”的环境。但父母双方对孩子的教育态度不一致，会给孩子带来不良后果。

第一，不利于孩子分辨是非。

孩子本来就小，辨别是非的能力弱，需要大人指引他们哪些事情该做，哪些事情不该做。可是夫妻两人对同一件事采取不同的态度，就会导致孩子混淆是非，不知道该听谁的。这样不利于孩子是非观念的形成。

第二，见风使舵，不利于孩子性格的全面发展。

父母在教育孩子的时候，一严一松，很容易导致孩子只怕一个人，只喜欢一个人。比如，有的孩子一提到妈妈就害怕。不管远离哪一方，都不利于孩子性格的全面发展。

第三，没有从根本解决问题。

一般“红脸”都会指出孩子错了，但是“白脸”就会站出来偏袒。这会让孩子不知道自己错在哪里，更不会知道如何改正。父母这种做法，不仅没有解决孩子的教育问题，还会制造出更多的问题。

我觉得在家庭这个小集体里，孩子所受的教育应该是来自父母的“取长补短”，既不是“严父慈母”，也不是“严母慈父”，而是在教育孩子的时候态度一致，该严的时候严格，该慈爱的时候慈爱。严慈结合，才能让孩子在健康的教育环境中成长。

【家庭教育的一致性】 来自：小小儿的世界 7楼

从家庭关系来讲，不管“严父慈母”还是“严母慈父”，都得根据双亲的性格来定。这种教育方式也是随机应变的，因为所谓的“严”，不是控制，而是教会孩子一些正确的观念；而所谓的“慈”，也不是娇纵孩子，而是正确引导。

父母应该努力做到以下几点：

第一，商讨出孩子的“缺点”和“错误”，努力帮孩子改正，并且达成一致意见。当孩子犯错时，双方要互相配合，不能一方批评，另一方就袒护，尤其不能当着孩子的面相互指责。应该一方指出错误，一方引导。

第二，对孩子所提的要求一致。比如，晚上睡觉前必须刷牙洗脸，不要“各持己见”。

第三，对孩子的教育态度始终一致，不能一会儿溺爱，一会儿又打又骂，这样对孩子的性格养成不利。

综上所述，对于一个家庭，不是谁严谁慈的问题。既不是“严父慈母”，也不是“严母慈父”，而是每个家庭成员要在孩子的教育上态度一致，集“严”“爱”于一身，取长补短，教子有方，爱子有度。这样才能培养出良好性格的好孩子。

如何把握管教的尺度
——既怕孩子仇视又怕孩子不听话

【纠结案例】

我家女儿5岁了，特别叛逆，总喜欢跟我对着干。不喜欢吃我做的菜，就扔到垃圾桶里；故意把杯子或碗摔碎，故意把我辛辛苦苦洗好的衣服弄脏。据老师说，她在幼儿园也很难管，上课时大声说话，打扰其他小朋友学习。当然曾听过邻居议论我家孩子，说她没教养之类。其实，我真的不知道该怎么管教孩子。原本我认为：对待孩子，能讲道理就讲道理，该批评的时候就批评，实在不管用就打。可这套理论在我女儿身上并不奏效。

昨天下班回家，看到女儿在屋里看电视，问她看了多久了，她说刚开始看，可保姆阿姨告诉我她已经看了俩小时了。我就苦口婆心地劝说她长时间看电视影响视力。可孩子根本不理我。我有点儿生气，就把电视关了。然后对她进行批评教育，告诉她不能说谎。女儿百般狡辩，还顶撞了我几句。我心想既然唠叨、批评都不管用，只能体罚了。可没想到，在我打了她之后，她竟然离家出走了。

如今的孩子实在太难管了，管轻了不起作用；管重了被孩子仇视，甚至离家出走。管教的尺度太难把握了，我到底该怎么办呢？

家长帮话纠结

【同样困惑】 来自：360du 1楼

我儿子的情况跟你女儿的情况差不多。儿子曾经对我说过这样的话："爸爸，我真怀疑我不是你亲生的。要不你怎么总看我不顺眼呢，总爱绷着脸、找碴儿。"真纳闷孩子怎么会产生如此偏激的想法。

老婆说我对儿子太严格了，可我真的是为他好啊！我小时候也没少挨爸爸的打和骂。恰是他对我的严格要求，才让我没沾染到任何不良习气，取得了今天的优异成绩。如今的孩子都怎么了？不能骂，不能打，只能讲道理。可就算把嘴皮子磨破了，他们也不听，只能严厉管教了。

【严格无益】 来自：小屯民 2楼

楼上的做法是不对的，管教孩子并不是越严越好。想想我们实施严格教育，无非是为了规范孩子的言行习惯，而不是让孩子害怕，甚至厌恶。教育孩子最忌讳的就是将严格进行到底。孩子做错了事，你可以严格，但没错的时候就应该"慈爱"。想想孩子对你的评价：总爱绷着脸。哪个孩子会喜欢这样的家长？所以，还是掌握好"严格"的度，否则只会弄巧成拙。

【不要管得太细】 来自：东成西咎 3楼

我觉得，如果不涉及原则问题、做人问题，孩子最好不要管得太细。

大多数的家长望子成龙、望女成凤，对孩子关怀过了头。吃饭的时候，担心孩子吃不饱，就不断给孩子夹菜。家长以为这是关心，但你越是这么做，孩子越觉得吃饭是家长的事情，从而失去自主性。

对于楼主家的问题，我觉得孩子是希望受到你的关注，为了吸引你的注意力，才不得不做一些"离经叛道"之事。建议楼主平时多关心孩子。

【别掉进陷阱里】 来自：随鹏飞扬 4楼

我们在教育孩子的时候，往往陷入几个误区，所以导致了自己把握不好管孩子的度。根据自己的经验，给楼主几条建议：

（1）不过度保护孩子。当孩子想跑、想玩时，不要因为害怕孩子受伤就禁止。如此下去，孩子就会越来越懒惰，容易得病，还阻碍心智的发育。楼主家孩子之所以能坐在房间里看两个小时的电视，是不是跟这个有关系呢？楼主有没有考虑过孩子为什么喜欢看电视呢？楼主要想办法从根本上解决问题，而不是阻止孩子这么做。楼主还要明白，关怀不是行为上的干预，而是心灵上的沟通。

（2）让孩子多干些家务。楼主家有保姆，女儿平时肯定很少干活儿，所以就会觉得什么事都不必自己动手，就容易变得以自我为中心，变得任性、依赖、不能忍让。所以，楼主要教育孩子适当地干些家务，当然还务必和保姆沟通，不让她阻止孩子干家务。

（3）不强迫孩子学东西。作为家长，谁都希望自己孩子既能文又能武，不输给任何人。于是从小就强迫孩子学这个，学那个，从来不管孩子到底喜欢什么。这就导致了孩子脾气暴躁、对人冷漠、不会与人相处等。

（3）不要以权威的口吻规范孩子。家长如果经常以权威的口吻规范孩子，孩子不仅会失去自信，还会经常发泄情绪，比如在课堂上大吼大叫。

（4）该夸孩子的时候就要夸。中国的家长很少在人前称赞自己的孩子，只会批评，殊不知这会让孩子失去自信心。孩子撒娇耍赖，有时候只是希望你夸他几句。

（5）不要经常唠叨孩子。我觉得楼主家女儿之所以对你的苦口婆心无动于衷，是因为楼主平时太喋喋不休了，孩子都麻木了，说什么她也不当回事。唠叨多了，会让人变得暴躁，无法情绪控制。所以楼主记住一句话：“适可而止，多说无益。”

（6）给孩子说话的机会。楼主也要反思一下，是不是自己经常剥夺孩子说话的机会。孩子说话的时候故意打断，让他闭嘴。如果楼主经常这么做，就一定要改正。

（7）不要戴着有色眼镜看孩子。也许在大多数人眼里，楼主家孩子没教养、爱胡闹，但你不能和别人一样戴着有色眼镜看孩子。就拿孩子说谎这件事来说，孩子告诉你她刚开始看，保姆告诉你他她了很久了。楼主就毫无疑问地相信保姆。可你想过没有，万一是你家保姆故意说谎呢，岂不是错怪孩子了。

你告诉孩子看电视对眼睛不好，这很明显是说“我已经知道你在说谎了”。如果是我，我会进去问孩子一句：“妈妈要去楼下逛逛，你要不要陪陪妈妈啊？妈妈需要你……”如此既给了孩子面子，又保护了孩子视力。跟孩子遛弯的时候，可以给孩子编一些故事，比如，喜羊羊说谎了、犯了错之类。寓教于乐，让孩子意识到自己错了。

（8）不挑剔、不斥责、不批评、不发脾气。楼主的邻居谈论的话肯定让楼主心里很不爽，回家之后肯定会发点儿小脾气，这都会伤害到孩子的自尊心，甚至让孩子对你产生怨恨。所以，想办法克制住自己，不对孩子乱发脾气。

【尝尝后果】 来自：上帝的老婆 5楼

我女儿比较粗心，为此，她爸爸没少说她，可女儿根本不当回事。她经常丢三落四，不是没拿铅笔，就是没带书。为了改正她的毛病，孩子她爸也同楼主一样，先说教，后批评，最后狠心打了孩子。可孩子丢三落四的毛病依旧没有得到改善。

老公一狠心，就让女儿尝了尝“丢三落四”的后果。女儿晚上回家后，竟然跟爸爸说：“爸爸，我知道我原来丢三落四是我不好，请你原谅我。”所以，建议楼主管孩子的时候，不要伤害孩子，更不能抹杀孩子的个性，最好让她自己尝到行为的后果。

建议楼主家孩子看电视的问题要以引导为主，适当地转移孩子的注意力。

【时代不同，衡量标准不同】 来自：大忙人儿 6楼

在我们这一代人的文化里，一个孩子的最佳品质是“听话”。也就是一切按父母的意志来顺从。但是现在的孩子毕竟和我们那时候的生活环境不同，所以楼主也应该具有不同的思维方式和行为方式。只要不影响人格发展，不涉及道德问题，楼主即使看不惯，也不要事事干涉。要把孩子锻炼成一个独立的人，而不是听话的机器或与你对着干的敌人。

楼主应该意识到，孩子毕竟只是孩子，思维方式和大人有很大差异，应该学会尊重孩子，多从自己身上找原因，才能从根本上解决问题。建议楼主多站在孩子的角度思考问题，以引导为主，如此才能既不伤害孩子，也不抹杀孩子的个性。

该不该让孩子体验“危险”

——让孩子避免危险还是体验危险

【纠结案例】

昨天带女儿出去遛弯的时候，在小区里看到这样揪心的一幕：

一个4岁左右的小男孩坐在地上号啕大哭，大喊：“妈妈，你在哪里啊？我怕！不要丢下我一个人！”我忙走上前去询问。就在我准备带孩子去派出所的时候，孩子妈妈从墙后面走了出来，跟我解释说：“我是故意的，这孩子平时总是乱跑。为了让孩子体验到乱跑的危险，我就悄悄躲了起来。”解释完，孩子妈妈又对小男孩说：“以后在大街上可别乱跑了，跑丢了你就会被坏人抱走，再也看不到妈妈了。”孩子听完，不停地点头，还说：“妈妈，我下次再也不乱跑了。”

回家的路上，跟女儿讨论这件事。女儿说：“那个妈妈真狠心，孩子该多害怕啊！”我听后，觉得女儿说的有道理，但又觉得那个妈妈的方法其实不错。让他自己汲取一次教训，以后就不会再犯了。

我女儿走路有东张西望的毛病，想要改正她这个毛病，难道明明看到前边有石头，也不提醒她任由她摔倒吗？孩子不懂得开水烫手，难道故意让她烫一次才会记住以后不摸了吗？

各位家长舍得这么做吗？

家长帮话纠结

【温和以对】 来自：壮壮的外婆 1楼

我肯定不会这么做，就像楼主女儿说的，孩子该多害怕啊，可能会留下心理阴影。我觉得最好采用温和的手法来处理这些安全隐患。比如，和孩子一起看教育题材的宣传片，遇到类似情况就告诉孩子应该怎么做。如此孩子才更容易接受，也不会产生负面后果。

我儿子曾经特别喜欢动电器。为了教育他，我从网上搜了一些关于被触电身亡的新闻图片，给孩子看了之后，他就再也不敢动了。孩子动电器只是好奇，想一探究竟，类似的情况还有玩剪刀、打火机等。如果像故事中的妈妈那么做，被开水、剪刀吓过之后，孩子会不会不敢喝水，也不敢拿剪刀了呢？因此，最好不使用这种方法。

【让孩子体验危险】 来自：天佑旋颖 2楼

我比较认同让孩子体验的做法。

父母有时候太“无微不至”了，看孩子削铅笔就担心削了手指，看孩子拿剪刀就担心伤到孩子，都去代劳。这种行为无疑夸大了事物的危险性。孩子好奇心强，你越不让体验，他越觉得好奇，越想体验。

所以，应该适当让孩子体验危险。比如，我家孩子喜欢玩饮水机，几次警告他不能碰热水那个旋钮，他还是想摸。后来我就先放了点儿热水，等水凉一些再让孩子去摸。孩子一摸就哭了，以后再也没摸过。我拉着他摸，他都使劲儿把手往回缩。还有一次，他看我们吃辣椒，自己也想吃，不让吃就闹腾。我就弄下了一小块，放到他嘴里。结果他被辣哭了，最后喝了杯牛奶才解决。以后看我们吃辣椒，再也不闹腾了，问他吃不吃，他回答：“辣椒，辣，宝宝不吃。”

所以，适当地让孩子体验危险，并不是坏事。

【在危险中成长】 来自：有翅膀的孩子 3楼

同意楼上的看法，适当让孩子体验危险并不是坏事。危险无处不在，孩子不会一帆风顺，难免磕磕碰碰。因此只有放手让孩子多体验、尝试，孩子才会知道在危险来临的时候应该怎么面对。家长也应该多帮孩子正视危险，避免危险，从而克服危险。

前段时间，为了让孩子知道走丢后该怎么办，我狠心将孩子“抛弃”在马路上四次，观察他的反应。第一次，孩子被吓得不知所措。第二次和第三次，他依旧大哭，但惊吓程度明显减小了。到了第四次，孩子就学会了找路边的警察帮忙。

总之，让孩子适当地体验危险，孩子才会成长。楼主有时候该学学母狮的精神，偶尔让孩子体验危险，孩子才会学习克服危险的能力。

【引导为主】 来自：我的大林 4楼

不同意楼上的做法，一点儿都不顾及孩子的情绪。在我看来，这不是在教育孩子，而是在训练孩子。教育孩子，应该以引导为主。前段时间，儿子的幼儿园开展亲子互动活动。活动中有个游戏，要求家长蒙着孩子的眼睛，不能说话，只能用动作指引孩子迈过各种障碍。过十字路的时候，幼儿园老师告诉家长不能抱，也不能让孩子自己走，而是要想办法引导。通过这次活动，老师想要告诉我们的是：孩子是意识不到危险的，我们不能阻止他们触碰危险，也不能听之任之体验危险，而是应该正确引导，指引孩子顺利渡过“危险”。

【给孩子上一堂安全意识培养课】 来自：chenjiali1203 5楼

我觉得有必要为孩子上一堂完全意识培养课，平时只要多重复，就能发挥防范作用。

（1）吃饭的时候不能玩、闹、笑；平时不要把花生、豆、纽扣等各种坚硬的小粒物品放在嘴里玩；不要将小东西塞到鼻子里、耳朵里。

（2）当别人拿着尖锐的木棒、铅笔等对着自己挥舞的时候，及时躲避。当然自己也不能拿这些东西吓唬别人。

（3）喝水的时候先用嘴唇试试，不烫再喝。

（4）化妆品有毒，不能放到嘴里。

（5）不能玩插着电源的插线板。

（6）不能乱动煤气，以免发生火灾或中毒。闻到煤气味的时候，及时告诉大人。

（7）不随便站在窗台上向外看，必须有大人抱着才可以。可以把电视、报纸上相关的案件报道在家里多讲讲，以吸取别人的教训。

（8）告诉孩子不能把塑料袋套在头上，容易窒息。

（9）不能把手伸进电扇，要不手指就断了。

（10）教会孩子报警。

【年龄决定】 来自：大风歌 y 6 楼

楼上的方法不对。光靠嘴说，孩子是不会意识到危险的。最好还是让孩子真正体验一下。

该不该体验危险，应该由孩子的年龄决定。如果还小，就不能去体验，但要让他认识危险，大一些才可以适当去体验。但不管怎么做，都一定要保证孩子的安全。

（1）对于还小的孩子来说，怎么认识危险呢？比如：

①认识高

故意将孩子放到一个比较高的平台上，当然，这个平台不能高出大人的受控范围，保证孩子安全最重要。看看孩子什么表情，什么动作。然后告诉孩子这是“高”，很危险，不能爬到上面来玩。

②认识烫

找两个毛巾，分别浸过冷水和热水。当把热毛巾给孩子的时候，告诉孩子“烫”。

用类似的方法可以让孩子认识“扎手”“咬人”等危险信号。

（2）大一些的孩子，如何体验危险呢？

你可以带孩子去公园，让他自己攀爬栏杆。在孩子身上扎好安全带后再让他们自己去玩。如果孩子不小心掉下来，也不会有危险。

对于危险的事物，单纯用嘴巴说，孩子是不会意识到危险的。最好还是在保证安全的情况下让孩子亲身感受到。如果楼主家孩子还小（0~3 岁），最好只是让她认识到危险。如果大一些（3~6 岁），就不妨让她亲自体验一番，但要记住引导为主，避免给孩子留下心理阴影。

该不该甩掉“小尾巴”

——是甩掉“小尾巴”还是遂了孩子愿

【纠结案例】

儿子3周岁了，最近变得特别黏人，像个“小尾巴”一样。我走到哪里，他跟到哪里，让我很有挫败感。

我打电话，他坐在我身边听；我做饭，他坐在旁边看；吃饭，一定得我喂；玩游戏，一定要我陪；就连我上厕所，他也要等在厕所门口，还不停地敲门，叫我快点儿出去；出去玩儿，必须抱着。

因为我一个人带孩子，累得不行，就告诉孩子：“妈妈累了，你先自己走一会儿。”孩子却不理会，就坐在路边大哭。有时候真不想理他，可谁让我心软呢？

有人说，孩子这种依恋很正常，等大些就好了。但也有人说，这个年龄段的孩子恰是锻炼独立性的最好时机，应该狠心让孩子独立。

该怎么办啊？该不该甩掉我家这个“小尾巴”呢？甩掉了会不会对孩子造成不好的影响呢？

家长帮话纠结

【正常现象，正面回应】 来自：刘爽一诺 1楼

孩子3岁至4岁的时候，都会出现黏人现象。这是因为他们需要和妈妈建立亲密、连续不断的关系，渴望从妈妈那里得到温暖和勇气，这样他们才能感到满足和愉悦。假如这时候妈妈狠心让孩子独立，会导致孩子将来很难跟人沟通，影响今后的社会生活和家庭生活。孩子的黏人现象很正常，楼主要好好回应孩子，不能想办法摆脱，更不能不耐烦。这样才有助于建立孩子的信赖感，以便将来能够成功和周围的人相处。

【黏人也要有个度】 来自：HELLO罗 2楼

孩子黏人虽然是好事，但是楼主家孩子显然属于太过黏人了。如果楼主不及时改正自己的错误教育方式，不仅会导致孩子不合群，也会让孩子越来越没有自信，做什么都会担心自己做不好，渴望妈妈来帮忙，甚至生活都不能自理。性格也容易暴躁、懦弱，更不喜欢参加集体活动。

【家庭是早教最好的课堂】 来自：罗占飞沙 3楼

我觉得孩子之所以那么喜欢当小尾巴，跟楼主的错误教育方法有关。

就拿孩子出门让妈妈抱这件事来说，为什么每次都是你妥协？因为你太宠孩子了，不舍得让孩子哭，才导致孩子的独立性和自理能力差。你能陪孩子一辈子吗？不狠心放手，孩子能长大吗？

其次，从楼主的字里行间可以看出，楼主应该属于情绪化的人。当你心情好的时候，能够耐心地被小尾巴黏着。可当你心情不好的时候，就会想办法把孩子推开。正是这前后不一致的态度，让孩子无所适从，反而更黏人。

【专家意见】 来自：原来如此 4楼

我家孩子也出现过这种情况，当时不知道怎么解决，就去咨询了专家。专家说这是孩子渴望爱和关注，渴望安全与保护的表现。家长不能听之任之，要积极应对。下面将专家告诉我的两个方法与楼主分享：

方法一：多和孩子交流沟通

平时多和孩子沟通，面带微笑，不强行甩开“小尾巴”，以免伤害亲子关系。教育孩子不是妈妈一个人的事，鼓励爸爸也参与其中，让孩子意识到亲人不只有妈妈，其他人也会像妈妈一样爱护、保护他。

给孩子创造一个和睦、温馨的家庭氛围，给孩子足够多的关爱，尽量减少孩子的不安全感。随着年龄的增长，孩子就不会总黏着妈妈了。

方法二：正确的教育方法

平时楼主可能比较忙，既带孩子，又忙家务。当你忙家务的时候，不要一味地给孩子玩具玩，因为那样孩子会觉得你是“玩具供给站”，更黏你了。想让孩子从心底里感到安全，就不能拿《大灰狼来了》的故事来吓孩子，这样只会让孩子更胆小。当孩子有不当的需求或无理哭闹时，不要立马跑过去满足他，而是等他安静之后再慢慢跟他讲。

当你有事情必须离开时，告诉孩子：“妈妈有事，必须出去一趟，等我办完事之后再跟你一起玩。”（当然这是在楼主老公在家的情况下，要不孩子一个人在家会更害怕，缺乏安全感）等孩子形成了习惯，就会知道，妈妈总会有一段时间要办事，她离开我也只是暂时的，时间一到就会回来陪我了。你回来后别忘记跟孩子说：“妈妈没有骗你吧，我回来了，一起玩吧！”这样孩子才会觉得你是一个信守承诺的好妈妈。等你下次离开的时候，他就不会那么黏人了。

【增强孩子的成长意识】 来自：天亮了吗 5楼

楼上说的没错，应该让孩子觉得你是一个信守承诺的好妈妈，答应孩子的事情一定要做到，不能轻易食言。如果没做到，要向孩子道歉，换取孩子的信任。

此外，应该扩大孩子的活动范围，让孩子有机会接触更多的人，特别是多和小朋友一起做游戏，培养孩子广泛的兴趣。通过跟其他小朋友的交往，孩子会意识到“黏人”是小孩子的事，不是大孩子的表现。增强这种成长意识，对改变孩子黏人的现象十分重要。

【最重要的是玩儿】 来自：小小小妹妹 6楼

我根据自己的经验，总结出了以下几点，希望对楼主有所帮助，早日让“小尾巴”长大，不再那么黏人。

第一点：态度坚定

再遇到孩子要妈妈抱的情况，态度一定要坚定。无论他怎么哭闹，都要坚定地摇头。一两次之后，孩子发现没效果，就不那么做了。

第二点：创造分离机会

孩子和家长分开时哭闹，家长一定舍不得。所以，分离对母子双方来说都是很痛苦的事。但是，为了孩子的成长，必须创造分离的机会。

第三点：提前说清楚并与孩子协商

在你出门办事之前，一定要跟孩子说清楚。孩子如果不同意，就好好跟孩子协商。

第四点：跟孩子玩分离游戏

比如跟孩子玩过家家的时候，可以告诉孩子：“我要出门了，我希望我的宝宝在家里是个乖孩子，妈妈回来后会非常开心的。”然后，你就消失。过一会儿，假装从外面回来，先拥抱孩子，然后夸奖孩子懂事。这样潜移默化，在你真正离开的时候孩子才会乖。

第五点：让孩子自己动手做力所能及的事情

比如，穿衣服、换垃圾袋等，有助于独立性的培养。

专家提示

综上所述，虽说孩子“黏人”是正常现象，但是如果过于黏人，就应该从自己身上找原因了。是不是教育方法不对，是不是太宠爱孩子了。找到真正原因，再对症下药，让孩子知道你是爱他的，并让孩子充满安全感。

该不该人前教子
——是尊重还是放纵

【纠结案例】

午休的时候和同事讨论起教育孩子是不是应该回避众人的问题。

我的观点主要受父亲的影响。父亲常说："人前教子，背后教妻。"就是说教育孩子一定要在他做错事的当时进行教育，回家后再教育效果不明显；而教育妻子则需要背后进行，毕竟成人和孩子不同，总该留点儿面子的。所以，我家女儿巍巍只要做了错事，不管是在家还是在外面，我都会直接指出。做错了，就要当面承担责任。

但我同事的观点是，不管孩子在外面犯了多大的错，都不该当着别人的面批评。不要觉得孩子小，孩子有孩子的小心眼，他们也是要面子的。所以，家长要想办法保住孩子的面子，最好找个没人的地方或回家之后再批评。

我觉得同事的看法也不无道理，就有点儿不知道该怎么处理了。对于孩子犯错这件事，到底是该立刻教育，还是背后私下再教育？

家长帮话纠结

【人后教子是放纵】 来自：妞妞波波 1楼

原本我也坚持人前不教子的，可是我发现，如果当时不及时指出，过后孩子就忘了，再教育效果反倒不好。这样其实是在放纵孩子。所以，我现在选择当时就指出，让孩子知道自己做哪些会受到表扬，做哪些会受到批评。建立孩子的对错观念，从而强化好的行为，减少不良行为。效果果然好得多。

孩子还小，等他大一些了，再考虑人前还是人后教育吧！

【人前不教子】 来自：神秘de猪 2楼

坚持人前不教子。

别看孩子小，他们也是有尊严的。当面指责，只会让孩子变得敏感。我家孩子就这样，当面教育他，换来的是他的反抗、顶嘴以及更加叛逆。他会反问我：“我到底怎么做，你才满意啊？”有时甚至破罐破摔、对抗到底。明知自己错了，也绝不改正。可是如果我回家好好跟他说，他就会很诚恳地接受我的意见和建议。

其实，在孩子犯错误时，直接把他带离现场，对他来说就是最大的惩罚。每个孩子的性格和自尊心强度各不相同。而孩子懂事之后，一个眼神他就知道止步了，事后再跟他说道理，孩子还是能知错就改的。

总之，人前教子只会让家长和孩子的关系更糟糕，严重的还会丧失教育的主动权。

【不重蹈覆辙】 来自：大娇妈 3楼

我小时候，家长就是人前教育我，甚至有的时候还故意做给别人看，让别人看看自己管教孩子有多严格。到现在我都清楚地记得当时的情形。

记得我上小学的那次，因为上课淘气被请家长了。妈妈竟然当着很多人的面对我指指点点。我被骂得无地自容，恨不得找个地洞钻进去。只听妈妈一直说："你看看你像个什么样子，真是不上进，看你以后怎么办?"她这几句话深深伤害了我。

所以，我绝对不会重蹈父母的覆辙，绝对不在人前教子。带给孩子的伤害可能会让孩子记一辈子。

【尊重孩子，建立自信】 来自：马桶控 4楼

我老公是瑞典人，在他们国家，家长普遍认为孩子是一个独立的个体，所以从孩子出生的那天起，便对孩子十分尊重。家长在任何情况下都要尊重孩子的自尊，保护孩子的"面子"，如此才能培养孩子的自信。而当面斥责孩子的行为，不仅会严重伤害孩子的自尊心，甚至会让孩子产生终身性的"自卑症"。

我国一位教育学家曾说过："在和孩子说话的时候，最好蹲下来，和孩子的个头保持一致。"这样孩子才会认为"我们是平等的"。在一个被尊重的环境里长大的孩子，肯定热情大方、遇事不慌乱。

【视情况而定】 来自：嫩帅滴孩子 5楼

是否人前教子，我觉得得视情况而定。那么，哪种情况可以在人前教子呢？哪种情况不能呢？总结如下：

（1）可在人前教子的情况：

①有些事情发生得很突然，让你不得不人前教子。

某天带孩子去坐公交车，结果孩子两只脚开始不安分。你用眼神和手势多次制止，他依旧我行我素，这时就不得不人前教子了。但是一定要态度温和，可以对孩子说："请把你的脚收好。你总踢别人的座位，人家会感觉不舒服的。想想别人踢你的座位，你不难受吗?"孩子如果说："不难受。"你就只能严肃地告诉孩子："妈妈数三下，请你马上停

下来，要不妈妈生气了。”一般情况下，孩子会选择不踢了。

像这种情况，你如果不及时阻止，他会一直踢，只好“人前教子”了。

②人前教子的小秘方。

人前教子有很多种方法，不一定非要当面指责或者勒令制止。可以选择采取体贴又巧妙的小秘方。比如，用面部表情、手势等示意他停止，或者悄悄地与孩子耳语讨论。这样既达到了目的，也顾及了孩子的面子，还让孩子有一种与妈妈分享了一个秘密的美好感觉。

这种小秘方还有很多，需要家长们多动脑筋。

(2) 不可在人前教子的情况：

①对于一些需要持久作战的问题，最好不采取“人前教子”。

因为你当时教了也没用，他很快又会犯错。孩子逆反心理很强，既达不到“教育”的目的，也让孩子自尊受挫。比如孩子不喜欢与人打招呼、不喜欢与人分享等。这些问题都是某个阶段会出现的，不是家长说一次两次就能解决的。当面说孩子，往往适得其反。假如回到家后再跟孩子谈，他虽然小，但还是会好好思考你说的话的，慢慢就会达到教育目的。

②大人觉得孩子让自己没面子。

有一次，孩子做了错事，对方的批评让我很没有面子。我走上前去教育了孩子，告诉他应该对阿姨有礼貌，不应该大吼大叫。孩子很委屈，回家后不爱理我了。后来想想，孩子这么小，根本没意识到自己做错了，当那个阿姨批评他的时候，他应该已经很没面子了，而且会害怕。这时候我再去指责孩子，孩子就会觉得我给不了他安全感，所以就疏远了我。

所以，这种情况下，即使你知道孩子做错了，也应该先安慰孩子，微笑着将他带走，等孩子平静之后，再告诉他哪里做错了，如何改正。

【结合因素，诸多考虑】 来自：数鸭子 6楼

该不该人前教子，还要从其他方面考虑。

（1）根据孩子的性格判断。如果孩子属于敏感且自尊心强的，就不能人前教子。如果是属于那种大大咧咧、活泼开朗的性格，即使人前教子，他也不会记恨。

（2）根据孩子是否是明知故犯。如果是故意的，可以及时予以警告。如果是无意的，那就人后教子。

如果孩子不注意自己的仪表，家长不能先指责，而应该先作出表率。比如去朋友家做客吃西瓜，孩子弄得遍地都是。你就可以拿个盆子接着，让孩子效仿你，并鼓励他讲卫生。回到家也要起到“榜样”作用。这就属于人前和人后教育相结合的方法了。

总之，不管人前人后，都要采取正确的方法，最好不采用打骂的方式。用妈妈的智慧告诉孩子哪里做得不对，应该怎么做。如果孩子执意不听，就没必要在人前一争高下了，不如回家之后再教育，给予适当的惩罚。

专家提示

教育孩子，没有绝对的人前人后，要具体问题具体分析。但不管是哪种方法，都要给孩子讲清楚道理。平时楼主要多动动脑筋，多想想办法。斥责、打骂都不是教育孩子的正确方法。只有“真诚、平等、及时、温柔”地和孩子沟通，才既不会伤害孩子的自尊心，又能真正达到教育目的。

该不该主动示好
——打完孩子后，他开始记恨我

【纠结案例】

我儿子多多三岁半了。按理说，这么大的孩子是最天真烂漫的时候，可我儿子却极为暴躁。平时遇到什么困难，从来不让大人帮忙，你要是帮忙，他就拳打脚踢，可他自己又解决不了。有时候会急得大叫大喊、又抓又挠，有时候还会打家长，真不知道该怎么办才好。

昨天晚上，孩子自己玩积木遇到困难，我就前去帮忙，他却叫嚷着“妈妈，走开!”然后把积木扔得到处都是。我告诉孩子：“遇到自己解决不了的难题，应该找妈妈帮忙。”孩子说：“我不要。”然后又自己玩起来了。

吃晚饭的时候，还没吃两口就开始捣乱，还往饭里吐唾沫。我告诉孩子这样不礼貌。孩子不但不听，反而吐得更起劲儿了，最后竟然开始往我脸上吐。当时我太生气了，一时没控制住，就动手打了他。从那时起，孩子开始无视我了，平常故意绕开我的视线，还跟我婆婆说：“我恨妈妈。”

作为妈妈，看到最疼爱的孩子不理自己，心里很不是滋味。怎么办呢？我该不该主动向孩子示好呢？

家长帮话纠结

【孩子会主动向你示好】 来自：某小 Mo 1 楼

本来就是孩子的错，楼主没必要向孩子示好，倒不妨先冷处理一下，等孩子忍不住喊妈妈的时候，你再问他：“知道妈妈为什么打你吗？其实妈妈也不想打你的，你下次要如何如何做。”这样才是正确的做法，让孩子知道你为什么打他，他哪里做错了，这样他的打也没有白挨。再者说了，孩子这么小，根本不懂“恨”到底是什么意思，多半是听别的小朋友说的。所以楼主不必多虑，没多久孩子自会理你的。

【必须示好】 来自：巴巴鸟 2 楼

楼上错了。也许在我们的社会文化里，大多数家长习惯扮演传统的强势者角色，都觉得“棍棒底下出孝子”，觉得他“不过是个小孩子”。示好不仅有损面子，更损害权威。

但其实，父母向孩子主动示好，不仅不会损害父母的形象，反而是母爱、责任的表现，是孩子健康成长的需要。

不要觉得孩子哭过就忘了。等你下次打他的时候，他立即会想起你上次打他的情形，这只会让孩子更恨你，隐患一直存在。等孩子大了，他会想办法报复你的。所以，该示好的时候就要示好，给孩子更多的爱，不是更好吗？

【找奶奶帮忙】 来自：重复饭饭 3 楼

孩子“不听话”，需要的是家长更多、更耐心的思想工作。既然孩子现在不理你，而你又担心孩子意识不到自己的错误，那就该找孩子比较信任的人寻求帮助，比如孩子的奶奶。让奶奶多给孩子讲道理，孩子意识到自己的错误后，自然会主动向你示好。

【为什么打孩子】 来自：小草无心 4楼

孩子之所以不理你，是因为你给他造成了心灵上的创伤。如果不主动示好，就是在继续错下去，是我们教育的失职。楼主总在抱怨孩子不听话，把原因推到孩子身上，其实，不管用什么管教方式，责任都应该由父母来承担，而不是孩子。

之所以打孩子，是不是因为你不了解孩子呢？你总是以成人的眼光看待问题，觉得孩子吐你脸上是对你的侮辱，所以很生气，动手打了孩子。或者是直接套用了父母的管教模式，只要觉得不对就打，或者是懒得思考其他的方法来管教孩子，认为孩子犯错了就该处罚，而且打骂的处罚方式见效最快。

总之，多从自己身上找原因，别轻易打骂孩子。

【多从自己身上找原因】 来自：by 冰光幻影 5楼

同意楼上的看法。孩子没有错，错的只是家长不懂得怎么教。想要孩子“听话”，成为你心中的“理想型”孩子，就需要不断充实自己的知识。

当你想要动手打孩子的时候，不妨用以下几种方法取代打骂方式：

第一，多了解孩子，平时多和多多、多多的老师、多多的奶奶沟通。多一分了解，就少一分误会。

第二，多吸收教育知识，及时调整教育观念。网络如此发达，百度一下你就知道到底是哪里出了问题。

第三，当孩子吐唾沫的时候，你应该问问孩子为什么这么做。了解孩子这么做的原因，帮孩子解决问题。

第四，放下身段，尊重孩子。

第五，学会巧妙地讲道理，比如将道理隐藏在故事中教导孩子，或者在实际情境中告诉孩子应该怎么做。

第六，孩子总不听话，那就让他自己尝尝“自食恶果”的滋味。

比如他吐别的小朋友，小朋友认为他不礼貌，动手打他，他就知道自己做错了。

第七，协商，当孩子想自己玩的时候，你想帮忙，可以告诉孩子：你先自己玩，等实在做不好再找我帮忙，不过我相信你会做到的。

第八，愤怒时不管教孩子。

第九，不要对孩子期望太高，毕竟孩子这么小，好动、固执都很正常。

第十，不要总用命令的口气和孩子说话，让孩子看到你想帮助他的真诚态度。

第十一，让孩子知道你是爱他的。

【读懂孩子不良行为背后的意义】 来自：兰博527　6楼

我觉得楼主家孩子之所以会想要自己垒积木，是因为他们有了自我意识的萌芽。楼主在多多想自己做事的情况下伸手帮忙，自然会让多多不满。这会让多多觉得自己无能。所以，楼主应该学会“察言观色”，别因为你的“好心帮忙”，让孩子挫败感更大。

当你允许孩子自己做事情时，他遭到了失败，不知道如何运用自如，所以只能以大嚷大叫、又打又挠的方式来发泄。这时候楼主应该站出来帮助孩子解决这个难题，可楼主却什么都没做。也就是说，在孩子不需要你帮助的时候，你出现了，在孩子需要你的时候，你却什么都没有做。

至于孩子吐唾沫的问题，是因为孩子觉得好奇，认为这种行为很有趣，才会频繁地去做。楼主不必过分在意，因为在意只会起到强化作用。这里需要做的是，告诉他这样不礼貌，然后不理他，等他情绪缓和的时候再讲道理。

总的来说，是孩子育儿知识的匮乏，没读懂孩子不良行为的背后意义。

专家提示

综上所述，孩子之所以不理你，是因为你给他造成了心灵上的创伤。问题的根源不在于你示好还是不示好，而是应该学会用正确的方法教育孩子。孩子没有错，错的只是家长不懂得怎么教，没搞明白孩子不良行为的背后意义。想要孩子“听话”，成为你心中的“理想型”孩子，就需要不断充实自己的知识，尽量不体罚孩子。

要不要做全职妈妈
——工作和孩子哪个更重要

【纠结案例】

宝宝四个多月了，我的产假也到期了。于是麻烦事儿来了。

老公希望我做全职妈妈，在家照顾孩子。原因如下：

第一，家里经济条件不错，没有任何经济压力。

第二，宝宝的爷爷、奶奶、姥姥、姥爷都培养过一代人了，岁数大了，身体健康最重要。

第三，如果请保姆，担心虐待孩子。而且现在保姆的素质参差不齐，假如遇到一个素质不高的，会带坏孩子。

第四，从小跟着妈妈的孩子，性格要好一些。

可是我周围的做过全职妈妈的朋友都告诉我，最好不要做全职妈妈。原因如下：

第一，我的收入在这座城市属于中等，辞掉了可惜，等两三年之后再想找这样的工作难上加难。

第二，女人最主要的是经济独立。做全职妈妈的压力也很大，因为老公会觉得既然你已经全职在家了，那家里的内务水平都应该随之提高。不仅要一尘不染，饭菜也要可口。老公稍有不满，就会对老婆发脾气。

第三，我是硕士学历，做全职妈妈有点儿可惜。全职妈妈其实很空虚，因为会和社会脱节。

我到底该怎么做呢？怎样做才能让大家都不为难呢？请大家帮我出出主意吧！

家长帮话纠结

【支持楼主老公】 来自：闲银 1楼

我是支持楼主老公的看法的。

首先，不能依靠保姆。保姆的文化程度不高，无法指望他们对孩子进行早期教育。

其次，不要麻烦老人。虽说没有比孩子的爷爷、奶奶、姥姥、姥爷更合适代养的人了，但是老人的精力毕竟有限，而且在教育观念上也常常和我们年轻父母起冲突。最关键的是，老人已经经历了很多艰辛才把子女拉扯大，没有责任和义务再为子女的子女付出了。再说了，父母已经为你操劳了大半辈子了，是该安享晚年的时候了。

孩子0～3岁的情商教育将影响孩子一生的发展，所以在这个时期不妨做一个全职妈妈。

【找个好保姆】 来自：快乐星2005 2楼

不同意楼上的观点。我就不是全职妈妈，家里请了一个保姆，孩子的性格也很好。只要楼主请保姆的时候注意以下问题即可：

首先，尽量找一些文化程度和素质高一些的保姆，哪怕月工资高一些。要知道物有所值，一般工资高的保姆带孩子经验更丰富。

其次，在孩子一岁之前，不能频频更换保姆。这样不利于孩子的性格培养。这样的孩子很可能缺乏安全感，适应能力差，见到陌生人就害怕。

最后，善待保姆。电视上的保姆之所以会虐待孩子，完全是因为家长对保姆不好。换位思考以下，如果你是保姆，经常受到自己雇主的挑剔，会不会将怒气发泄给孩子呢？如果雇主对你非常好，你会不会将心比心，好好照顾孩子呢？

【孩子最重要】 来自：砂轮米女 3 楼

我是国外名牌大学硕士学位，但并没有因为做了全职妈妈就感觉空虚。在带我家霏霏两年的时间里，我收获的快乐和满足比在外企上班好几年都多。只有自己带孩子，才能亲身体会到做妈妈的感受，也只有全职照顾，才能知道孩子的喜怒哀乐。

孩子出生的头三年是关键时期，为了孩子，放弃什么都是值得的。好工作找找就有了，不要为此担心。至于与社会脱节的问题，现在网络这么发达，我觉得完全不会脱节。平时如果觉得无聊，也可以带孩子参加一些聚会或社区活动。不仅你的心情愉快，孩子也增长了见识。

毕竟楼主家的收入情况不错，上不上班对你们的生活没什么影响。孩子只有一个，又不缺钱，何必把孩子交给别人带呢？

【老人、保姆、父母三者结合】 来自：谁说婆媳是天敌 4 楼

我不建议楼主做全职妈妈：

第一，楼主把工作辞掉了可惜。

第二，楼主做了全职妈妈之后会把大部分的时间和精力放在孩子身上，很可能忽略了丈夫，对夫妻关系不利。

第三，我觉得楼主老公不明白老人的心。有的老人非常喜欢照顾孩子，我家婆婆就是这样。起初我也觉得会跟婆婆之间有代沟，后来才发现只要好好沟通，婆婆带出来的孩子更优秀，因为老人总比我们年轻人有耐心。再说了，你们不跟老人商量，就擅自做主不让他们带，老人会怎么想，会不会觉得自己被嫌弃了呢？

第四，如果担心老人受累，就再请一个保姆。好保姆的确不好找，但只要用心，一定能找到。现在的育儿嫂这么多，她们的育儿经验比我们丰富，而且具备专业知识，让她们来照顾孩子也是不错的方法。

当然，也不能全都指望别人照顾孩子。下班后多跟孩子相处，发现孩子的性格出现偏差的时候要及时纠正，同时多跟老人和保姆沟通。孩子在这样的环境下成长，肯定会有个好性格。

【给自己充电】 来自：阳仔213 5楼

其实，楼主的想法有些偏激了。因为在我的观念里，全职是一种生活方式，在孩子需要陪伴的时候，我们全力以赴，在孩子成长的时候，我们也要陪着孩子一起长大。不能为了孩子舍弃自己的生活。为了将来能顺利“回归”社会，这个时期的妈妈一定不能放弃给自己“充电”。只有不断学习，才能不被落下。等孩子长大一些，妈妈们就可以做自己喜欢的事了，去奋斗，充实自己的生活。

【性格决定】 来自：文翰妈 6楼

我觉得到底要不要做全职妈妈，还得看楼主的性格。

如果楼主是女强人类型的，还是不要做全职妈妈。因为全职妈妈的生活方式跟你原来的工作方式大相径庭，容易产生郁闷情绪。这种情绪会影响到孩子，对孩子的成长不利。

如果楼主认为教育孩子是女人最伟大的事业，那就做全职妈妈。毕竟高学历的妈妈教孩子的方法肯定比那些文化水平不足的人更高明一些。

专家提示

楼主要不要做全职妈妈，由自己的性格决定。

如果你是女强人类型的，建议最好不做全职妈妈。跟孩子的爷爷、奶奶、姥姥、姥爷沟通一下，看老人是否愿意照顾孩子。一般情况下，老人是喜欢照顾孩子的。为了避免老人太累，最好再找一个保姆。当然，在楼主和老公回家后也要多和孩子相处，让其他人适当地休息休息，同时也更利于培养和孩子的感情。

如果你觉得孩子比事业重要，为了孩子，三年何妨？毕竟这个时期的情商教育会影响孩子的一生发展。为了更好地“回归”到自己的事业上来，在做全职妈妈期间，不仅要保持良好心态，更要合理安排时间，给自己“充电”。

放假了，该不该把孩子送到爷爷奶奶家
——会不会更宠着孩子了

【纠结案例】

3 岁的女儿上幼儿园小班。马上要放暑假了，老公提出把孩子送到农村的爷爷奶奶家里，我却很犹豫。老公就给我分析了一下把孩子送到爷爷奶奶家里的好处：

第一，我和老公没有那么多的时间和精力照顾，孩子从小身体素质就不是特别好，农村环境好，是锻炼身体的好地方，可以让公婆教育孩子锻炼身体。

第二，农村孩子多，到了那里，姐姐妹妹家的孩子都陪她玩，小家伙肯定喜欢住在那里。

第三，爷爷奶奶早就打电话催过好几次，说想孙女了。

可我觉得老公只是看到了好处，没有看到弊端。爷爷奶奶的确很疼爱孩子，可是就是这种“隔代宠”让我更担心。过度的放松不仅会打乱孩子原本的生活规律，还会让孩子更调皮，回家之后不好管理。而且，老家那儿的人都不说普通话，担心孩子俩月之后满口的乡土气息，不好纠正。

到底该怎么办呢？该不该把孩子送到爷爷奶奶家呢？

家长帮话纠结

【老人带孩子，利大于弊】 来自：一天一万年 1楼

去年暑假，我也曾为这个问题纠结过。我女儿特别黏人，睡觉的时候必须我在身边，别人谁哄都不睡。先是满屋子找我，找不到就哭。起先我怕孩子到了爷爷奶奶那里会因为找不到我伤心，还担心老人的教育方式问题。但是老公说我多虑了，还说自己是孩子的爷爷奶奶一手带大的，啥问题都没有，最后我拗不过，就把孩子送到了农村。

孩子刚去时，的确有点儿不适应，晚上会哭。爷爷奶奶就给她讲故事、唱歌，想办法哄孩子睡觉。等孩子差不多适应之后，我才给小家伙打电话，问她想不想家，要不要回来。想不到孩子对我说："不，我不要回去，这里有很多小朋友跟我玩儿，我住在这里很开心。"

俩月之后，我去接孩子，发现孩子长胖了许多，也不像原来那么黏我了，还跟小朋友约定明年暑假还来。回家的路上，孩子明显比原来活泼了许多，给我讲了很多农村有趣的故事，还说自己帮着隔壁邻居的小朋友干活儿，还学会穿衣服了。虽然偶尔蹦出几句家乡话，但是这些和孩子的收获比起来，显然不算什么。至于楼主说的任性以及生活规律问题，根本没在我女儿身上发生。

建议楼主今年先把孩子送到农村试一下，如果真的有那么多问题出现，明年不送便是。

【弊大于利】 来自：眼色一亮 2楼

说实话，楼上说的这些简直太让人羡慕了。家家情况不同，像我家孩子，去了爷爷奶奶那儿之后，生活自理能力明显退步了。原本会自己穿衣服，现在我们不给穿，他就不起床。好不容易养成的刷牙洗脸习惯，也有一定程度的变化，脾气也更任性了。

老人家真不是一般地惯孩子，零食吃得多、睡午觉也不规律。我家

孩子在那儿，每天基本睡到下午五六点。最让我受不了的是，孩子竟然学会了随地吐痰、擤了鼻涕就往鞋底蹭等坏习惯。回来好几个月都没纠正过来。真是后悔把孩子送过去了。今年无论如何都不会往老家送了。

所以我建议楼主，还是先考察考察公婆再说吧。如果能像一楼那样锻炼孩子的自理能力，利大于弊，就毫不犹豫地送过去吧！如果像我家公婆这样，弊大于利，千万不要送过去。

【送幼儿园托管班】 来自：tianliang12 3 楼

楼主难道没有考虑过其他方法吗？比如说让孩子上幼儿园托管班、上兴趣班或者找个保姆，如此不就没有那么多的顾虑了。

我家孩子就在上幼儿园托管班。托管班的人数比较少，幼儿园一般会在暑假打散班级，重新编排，采用松散的教学方式。老师减少了教学，更多的是在生活上的照顾，孩子们可以有更多的自由活动时间。另外，混龄编班中，年龄大的孩子对年龄小的孩子有很好的示范作用。楼主不如考虑考虑。

【上兴趣班】 来自：不知道叫什么 4 楼

我家孩子喜欢画画、唱歌、跳舞，我们就在暑假选择上兴趣班，如此不仅减轻了我们的负担，还培养了孩子的特长。一箭双雕，何乐不为！

【兴趣班上不上，孩子态度很重要】 来自：犟犟公主 5 楼

我家孩子和楼上的不同，因为兴趣班不可能占用孩子太多时间，只是一天的一小部分。适当去兴趣班学习是不错的，重要的是孩子对此真的感兴趣。我家孩子暑假的时候也报过兴趣班，但是他根本不想上，不得不半途而废。所以，楼上的做法并不适用所有家庭。楼主应该从多方面考虑。

【找个好保姆】 来自：奔奔的快乐生活 6 楼

我和老公工作都很忙，公婆身体也不好，托管班招收人数少，我们去报名的时候已经晚了，兴趣班孩子也不想上，最后不得不找了个保姆。虽然保姆不一定能教会孩子许多知识，但至少解决了照看孩子生活的问题。但是在保姆的选择上，需要多下工夫，3 岁的孩子正是学语言的重要阶段，别让孩子沾上一些“方言”口音。

【三代同堂，有益健康】 来自：莫名其妙 7 楼

楼上的观点不认同，毕竟现在的保姆太不好找了，我觉得找一个好保姆比中彩票都难。想要孩子既安全又学不到坏习惯，最好的解决办法就是把老人接过来一起住。也许老人不太适应大都市的生活，但是为了宝贝孙子的健康成长，一定没问题。

但楼主要做好心理准备，如果把老人接过来，在教育孩子的问题上可能就会产生分歧，还有生活习惯的问题。这些需要大家一起慢慢磨合。

白天公婆带，晚上父母带，这是最好的解决办法。而且一年 12 个月，公婆只带两个月，晚上你还回来监督，孩子怎么也“坏”不到哪里去。况且，三代人一起生活，对孩子也有很多好处。不仅体会到父母的关爱，更能体会到老人的关爱，有益身心健康。

专家提示

综上所述，楼主的选择其实有很多种，并不仅仅局限于送不送老家。至于楼主该采取哪种方法，应该综合考量，好好考虑之后再作决定。但是，无论在幼儿园，还是在家里度过假期，都是为了让孩子更开心，更快乐。

PART/ 06

亲子关系上，处在“权威”与“平等”的纠结中

应不应该树立家长的“权威”
——既怕孩子不尊重，又怕不能和孩子做朋友

【纠结案例】

前段时间，带孩子到表姐家玩了几天。表姐家女儿很懂事，也很有礼貌，对表姐的话言听计从。可是对于我家孩子，我都是先征询他的意见，等孩子答应了再让他去。

晚上，表姐跟我说我的教育方式有问题，不能太纵容孩子，要对孩子树立权威，该强制的时候必须强制。可我一直觉得，和孩子做朋友更有益他的成长。当孩子做错事的时候，站在朋友的角度帮助孩子分析问题，找出错误的地方，并给予良好的建议，这样做才对。

家长该树立权威，还是该和孩子做朋友呢？

家长帮话纠结

【必须树立权威】 来自：偶为孩子狂 1楼

我觉得还是应该树立权威。

举个例子来说。前几天，我在厨房炒菜，听见门铃响，就叫正在看动画片的儿子去开门。儿子回答我：“我忙着看电视呢！”我告诉孩子：

“快去啊，儿子，看看是不是爸爸！”儿子竟然回答我说：“妈妈，我累了，你去吧！”我迫不得已关了火，放下炒了一半的菜开门去了。事后我告诉孩子，不能这样，妈妈也很累，而且妈妈今天陪你玩了一天回来还得给你做饭。儿子点点头，算是明白我的意思了。可没多久，当这种情况再次发生的时候，儿子依旧不动。我很生气，强行关掉了电视，强制他必须去开门。儿子虽然不情愿，但还是去了。下次门铃一响，孩子就会主动去开门了。

不给孩子立个规矩是不行的，要不然他以为父母为他劳累是理所应当的。必须让他自己去做一些事情，他才会意识到父母的辛苦。

【方法不对，努力白费】 来自：西伊好好 2楼

我一点儿都不赞同楼上的说法，树立威信就是强制孩子必须做吗？这样只会让孩子越来越多地站在你的对立面，从而使你威信扫地。教育孩子最好动之以情，晓之以理，让他知道什么事情可以做，什么事情不可以做。

假如我是楼上那位妈妈，我会在第一次现象出现的时候问孩子为什么不去开门。如果孩子说自己很累，那就问孩子这样一个问题：“妈妈也很累，是不是不用给你做饭了呢？”通过你的反问，孩子一定会意识到自己的错误。至于强制关闭电视的问题，孩子并不是真的懂事了，而是他觉得开门只不过少看一会儿电视，不开门则什么都不让看了，所以才会选择开门。

【尊重孩子，培养独立】 来自：草和叶的干妈 3楼

我觉得家长应该和孩子做平等的好朋友，和孩子一起成长，用交流代替沟通，尊重孩子，努力体会孩子的感受，培养孩子独立的人格。

多和孩子沟通，才会更了解孩子。当孩子有问题的时候，才会主动询问你的意见。可你若是权威家长，孩子就算遇到了问题，也不敢告

诉你。

你尊重孩子，孩子自然尊重你。站在孩子的角度思考问题，才能体会他们的感受，平时和孩子说话，尽量压低身体，让孩子感觉你们是平等的。

从小我对孩子的教育方式就是主打朋友牌，现在孩子大一些了，依旧和我无话不谈。我想这种方法才能让孩子得到最健康的发展。

【权威和朋友不是对立的】 来自：在幸福中沉沦 4楼

我觉得家长不仅是良师，也是益友。所以不能单纯地谈树立权威还是做朋友，否则就会进入另一个误区。因为权威和朋友不是对立的，而是相辅相成的。

当我们给孩子作决定时，应该征求一下孩子的意见，给孩子更多的发言权。平时孩子做错了事，要及时指出，告诉孩子这是不对的。如果屡教不改，就必须拿出权威的架势，强制他必须改。因为孩子的自主性比较差，需要家长的外力推他一把。当然，在你帮孩子改正错误的时候，也应该允许孩子提出自己的看法，包括与父母相反的意见。只有这样，父母对子女才会既有“权威亲情”，又有朋友之间的“友谊、平等”。

【良师益友，相辅相成】 来自：尾巴船 5楼

同意楼上的观点。孩子在成长过程中，不仅是一个独立的个体，也是一个社会中的人。作为前者，我们应该和他做朋友，作为后者，我们则有义务遵守社会规律。父母比孩子长一辈，对人生有着理性、感性的认识，这种认识是社会其他成员无法代替的，因为具有权威性。

家长只有充分地尊重孩子，做孩子的朋友，才能真正了解孩子，给孩子提供最准确、最及时、最有效的帮助，使自己对孩子的教育发挥应有的权威作用。只有能给孩子以正确、有益指导的父母，才是孩子真正

的益友。

爱孩子，就与孩子平等相对，给予孩了正确指导，做孩子真正的良师益友！

【年龄决定哪个更重要】 来自：小土匪宝宝 6楼

父母作为朋友、老师两种角色，在孩子成长过程中发挥着重要作用。但是不同时期，应该有不同侧重。在孩子5岁之前，孩子还比较小，对很多事情和道理缺乏起码的认识，家长应该发挥权威作用，告诉孩子什么是对的，什么是错的，教会孩子明辨是非。等孩子大一些了，再充当孩子的朋友角色，遇到问题时，给出好建议。

对学龄前儿童来说，让他们意识到你的权威，并不是严加管教、打骂斥责的意思，而是通过朋友般的引导和规劝，让孩子明辨是非。

专家提示

综上所述，父母的权威应该建立在充分尊重孩子独立人格的基础上，在关爱中有效地引导、规劝孩子，而不是打骂斥责。在这种环境下成长的孩子不仅健康快乐，也懂得明辨是非。当孩子大一些能够独立的时候，父母再淡化自己的权威，成为孩子的好朋友。

听话是不是就是好孩子
——培养听话的孩子还是有自主意识的孩子

【纠结案例】

今天接女儿从幼儿园回来的路上，孩子告诉我他们班那几个不听话的孩子被罚站了。我笑着问，他们为什么被罚站啊？孩子对我说："因为不听话呗，谁叫他们对老师的看法发表不同的意见呢。老师还夸我了，说我是一个听话懂事的好孩子。"

听完女儿说的话，我有种悲喜交加的感觉。老师如果经常这么表扬或者批评一个孩子，会不会让孩子变成没有思想的机器人呢？在这个时代，老实和听话未必是优点。可我们平时教育孩子的时候，难免会说"宝宝真乖""宝宝真听话"。这些话说多了，会不会导致孩子盲从呢？

大家平时是怎么要求孩子的呢？你会要求孩子一定要听话吗？有没有更好的教育方式呢？

家长帮话纠结

【听话孩子成就大】 来自：小文文妈 1楼

我教育我家文文的时候比较严厉，很少给他回嘴的机会，毕竟孩子的回嘴只是狡辩。给他们狡辩的机会，就相当于纵容，让孩子越来越不听话。

现在文文可让人省心了，比较好带，因为很听话，让他做什么就做什么，养成了很好的习惯。孩子现在还小，必须及时制止他的坏习惯。怎么能在上课的时候跟老师顶嘴呢？如果老师不罚他，他会不会更过分呢？为了孩子的将来，一定要将孩子的坏毛病扼杀在萌芽阶段。

我一个堂兄从小就很听话，自主学习，从不用家长催促，现在做大学教授呢！可我从小不听话，啥都没有学会，真觉得当初父母应该管得严格一些的。

楼主不要重蹈我的覆辙，一般听话的孩子在上小学之后都会好好学习。为了孩子的将来，严厉一些又何妨！

【培养孩子的能力】 来自：贝尔斯通 2楼

楼上的说法并不对。你没有成功的原因有很多，不能仅仅归咎于自己的不听话。在这个社会，能力是最重要的。孩子这么小，父母的主要职责就是培养他们的能力。现实中有很多“小时了了，大未必佳”的例子。微软老总比尔·盖茨小时候就是个很不招人喜欢的小男孩，上课总是问老师一些跟课堂无关的问题，而且不爱写作业。很多老师都不愿意让他在自己班里，实在太让人头疼了。可盖茨的父母却从来不说自己孩子哪里不好。而比尔·盖茨的邻居汤姆却是一个十分乖巧听话的小男孩，上课从不捣蛋，作业每次都完成得很好。二十几年后，差距出来了。比尔·盖茨成了世界首富，而汤姆却一直默默无闻。

楼主看了这个故事，还会要求自己的孩子一定要听话吗？

一个人想要成功，就必须具备独立思考、自主决策的能力，具备创新精神。一个孩子如果从小被动听话，等着别人帮他作决定，当他进入社会之后，就算不被欺负，也不会被重视。想要孩子在多变复杂的社会里生存，就必须让孩子学会自主选择，不能盲从。

【多和孩子沟通】 来自：婉儿上官 3 楼

对于楼上二位说的方法，我既不肯定，也不否定。我觉得小孩子有自己的思想，有时表面上会轻易顺从大人，心里却肯定有意见。身为家长，要常常和孩子沟通，问孩子对问题的看法。孩子提出问题之后，再针对具体问题具体解决。当孩子跟你的看法不同时，你要鼓励孩子说出来，不能全盘否定。孩子们的世界是异常精彩的，说不定他的意见出乎你意料之外呢。

没主见的孩子在这个社会没有立足之地。

【不要觉得孩子听话是好事】 来自：星光宝贝 4 楼

有一位育儿专家告诉我，孩子听话，有两个原因：一是被母亲拥抱的次数太少，二是母亲对孩子说话太少。家长往往以为这种孩子是好孩子，不用费心养育，认为那些平时活泼好动、多嘴多舌的孩子才应该多加管教。这简直大错特错。

一项调查研究表明，越是听话的孩子，DQ（发展指数）越低，而那些不听话的孩子的 DQ 明显比听话孩子高得多，这说明，他们的身心发展情况要比那些听话孩子发展得好。

所以，对于那些听话的孩子，父母就要多照顾他，多跟他交流沟通。对于那些不听话的孩子，在他发表自己的看法时应该积极鼓励，而不是像老师那样压制。老师那种做法，会把本来可以成为总统的孩子培养成平民。

【“听话教育”的弊端】 来自：尾巴船 5 楼

“听话”向来是中国教育观的核心，殊不知这种教育方式是有许多弊端的。

第一，阻碍了孩子的质疑能力和创新能力。凡事要求孩子听话，孩子就会少动一分脑筋，多出一分依赖。老师教什么，他就学什么，从不会质疑老师教的对与错。告诉你解答一道题的方法，他就只会这一种方法，而不去想办法找其他方法。这样的孩子长大后自然缺乏创新能力。

第二，导致孩子不敢流露自己内心的真实想法，形成刻板内向的性格。

第三，导致孩子毫无个性。如果大家都教育孩子听话，千人一面，这个世界就少了许多生机和活力，孩子更是毫无个性可言。

第四，扼杀孩子的想象力。活泼好动的孩子更喜欢幻想，如果在这时候让孩子好好听话，就会扼杀孩子的想象力。

第五，不利于民主意识的培养。一味地教导孩子听话，无异于剥夺了孩子说自己的话、走自己的路的权利。嘴不能说自己想说的话，脚不能走自己想走的路，日复一日，年复一年，就会导致孩子民主意识的缺失。长大后遇到不公平待遇的时候只会选择忍气吞声。

【不能放任自流】 来自：feibaiki89 6楼

我们反对“听话教育”，并不是鼓励孩子“造反”、我行我素，谁的话都不听。这就是放任自流，走极端，也是不正确的。我们要做的，是在孩子的日常生活和学习中给予适当的指点，鼓励不同声音的出现，鼓励孩子发表自己的意见。不能凡事要求孩子“听话”，因为家长也有犯错的时候，不分青红皂白就替孩子做主的做法，只会毁了孩子的一生。

总之，我们要做的就是把孩子从听话教育中解放出来，鼓励孩子去创造、辩解、探索。但是前提是让孩子懂得是非对错。像故意打老人的行为肯定是不对的，这不属于“不听话教育”的范围，而应该以任性来处置。

【让孩子自主选择】 来自：我家有个洋葱头 7楼

你要求孩子听话，你能保证你的话就一定正确吗？即使你的话正确，又是否适合你的孩子呢？世界上没有两个完全相同的孩子，不要把他们整齐划一。想要孩子在社会和生活中游刃有余，拼的不是学习成绩，而是一个人是否有独立能力，是否敢担当！

一个从小到大都听话的孩子，有的只是奴性，个性和主见早在父母的一次次做主中消失殆尽。这样的孩子喜欢被人管着，到了单位也习惯被老总管着。一旦给他更高的职位，他就手足无措了。所以，早早教会孩子自主选择吧，把主动权还给孩子。

综上所述，啥事都讲究个度，不能一味要求孩子听话，也不能一味要求孩子不听话。也就是说，楼主不能光要求孩子听话，还要培养出一个讲道理、有主见的孩子。听话的孩子可能只是盲从，却不见得懂道理。而那些狡辩的孩子在和你争论的过程中往往学会了道理，然后在他有道理的时候才讲话。

一说就烦，大道理要不要说
——他听不懂的道理要不要编故事给他听

【纠结案例】

昨天我朋友到家里做客，给丫丫带了礼物。丫丫当面拆开后，就把礼物扔在了一边，也没有说“谢谢”。我不好意思地对朋友说：“不好意思，小孩子太不懂事了。”朋友很大度地安慰我说：“没事儿，不必介意。”

等把朋友送走后，我把丫丫叫到客厅，告诉她别人给了礼物必须要对人家说“谢谢”，应该学会感恩，因为感恩是中华民族的传统美德，一个不懂得感恩的人是不会受欢迎的，将来也不会成功……话都没说完，丫丫就不耐烦地说：“好了，好了，我知道了，下次就不那么做了。”

每次给丫丫讲大道理，她都表现得非常不耐烦，可我是为她好啊，希望她在人生的旅途中少走弯路，可她怎么一点儿都不明白我的苦心呢？到底该怎么办呢？

家长帮话纠结

【大道理必须讲】 来自：小萝莉 1楼

当然得讲了，大道理是我们人类智慧的结晶，是孩子成长的道德基础。不讲大道理，孩子以后的路就会越走越窄，以至于误入歧途。

所谓"成才先立人"，说的就是想要孩子成才，必须先学会做人。怎么做人，就要从大道理中学。当你给孩子讲大道理的时候，要表明你是把她当成大人对待的，要表明你尊重她。我家女儿从 1 岁开始，我们就不停地讲大道理。孩子刚开始听不懂，等长大了就都明白了。但是你必须教，否则孩子就不知道。必须让孩子知道做人有一套标准：爱家庭、孝敬父母、有爱心、爱别人、对人友善，还要爱国。当她知道这个标准之后，就会想办法做到。

【让孩子听得懂】 来自：阳光瑞茜 2楼

楼主的做法实在不明智，你跟孩子讲了半天，孩子听不懂，自然会不耐烦。你讲大道理的教育目的没有达到不说，还疏远了亲子关系，得不偿失！

为什么不换一种能让孩子听懂的表达方式呢？什么"感恩是中华民族的传统美德，一个不懂得感恩的人是不会受欢迎的，将来也不会成功"。这么小的孩子知道什么中华民族吗？知道什么是成功吗？又知道"感恩"二字到底是什么意思吗？孩子什么都不知道，你这句话说了只能让人厌烦。如果是我，我会这么跟孩子说：

"阿姨是因为喜欢你们所以才送的礼物，你们在收到的时候要说'谢谢'。即便不喜欢，也要感谢阿姨在心里惦记着你。如果是路上不认识的人，人家会给你礼物吗？"

这么说，孩子才会听；这么说，孩子才会懂。

【教育要回归生活】 来自：vike84 3 楼

我觉得教育还是要回归生活，不能枯燥地给孩子讲大道理，这只会让孩子更叛逆。举个例子：

丫丫和某个小朋友一起玩跳棋，可是他们根本不按点数走。你就要告诉他们：“跳棋有跳棋的规则，如果不按照规矩走，游戏就玩不下去。就像马上的汽车和行人一样，都不遵守交通规则，路上岂不一团糟？平时小朋友滑滑梯的时候，如果没有规矩，不懂得排队，是不是会你推我搡，甚至打架呢！”

孩子听了你的话，肯定会重新按规则开始游戏的。等孩子长大一些，自然会遵守社会规则的。如果你现在直接告诉孩子“要遵纪守法”，他肯定不知道是什么。

希望对楼主有所启发！

【了解孩子】 来自：东 love 容 4 楼

楼主在教育孩子的时候，不能一味地以为自己是为孩子好。孩子从小到大，最烦的几个字就是“我是为你好”。而且，在你讲大道理的时候，没有意识到孩子会听不懂，这说明你不了解孩子。给你两点建议：

第一，多跟孩子聊天，熟悉她的语言，知道哪些词汇她能理解，哪些词汇她理解不了。

第二，学会讲故事。将大道理暗含在小故事中。讲完以后还要和孩子讨论，问孩子有什么看法。通过讨论，将大道理“灌输”给孩子。通过对故事的掌握，孩子会有一个自己的做人做事标准。

【大道理小讲】 来自：永无支境 5 楼

对家长来说，大道理必须要讲，但是讲了孩子听不懂是个大问题。其实，大道理并不是讲出来的，有时候，一件小小的事情或者孩子一个小小的举动，往往暗含着人生哲理。将大道理变成小道理，才能让孩子听明白，听进去。

分享我的育儿经验：

豆丁邀请两个小朋友到家里玩，我答应中午给他们做好吃的。豆丁吃饭有很多坏毛病，会向小朋友的碗里吐食物，还会用筷子敲小朋友的脑袋。我多次提醒他要有礼貌，可他根本不把我的提醒当回事。等小朋友走后，我把豆丁叫到面前，问他今天哪里做得不好。豆丁仔细想了想，然后把自己的错误一一列出。然后含着泪花对我说：“妈妈，对不起。”

我说：“你没有对不起妈妈，你对不起的是自己。想想以后小朋友还会愿意跟你一起吃饭吗？还愿意跟你一起玩吗？这样你就失去了小朋友。如果你养成了良好的习惯，和他们一样乖乖吃饭，小朋友下次是不是就会愿意到咱们家里做客呢？”

豆丁听完，想了一会儿，对自己说了一句：“豆丁对不起。”

我的意图是想让孩子明白，他养成良好的行为习惯不是为了父母，而是为了他自己。等孩子学习的时候，就会认识到自己不是为父母学习。老师批评孩子，也是因为爱他。

我的教育效果还是不错的，孩子现在上小学，都是自主学习。

专家提示

综上所述，大道理虽然要讲，但必须讲究方法和技巧，这样才能“事半功倍”，否则，就会得“事倍功半”之果。给楼主几条建议：

第一，多跟孩子聊天，熟悉孩子的语言。

第二，学会讲故事，将大道理暗含在故事中。

第三，大道理要小讲，可以结合生活中的例子。

要不要回答孩子无聊的“为什么”
——强制、诱导，还是顺其自然

【纠结案例】

我家孩子马上5岁了，乖巧懂事，就有一个毛病，总喜欢问为什么，有的时候还打破沙锅问到底。

“妈妈，那个人为什么打篮球啊?”

“为了锻炼身体啊!”

“为什么要锻炼身体呢?”

“只有锻炼身体才能在体育比赛的时候拿第一啊!”

“那为什么要比赛呢？又为什么一定拿第一呢?”

……

类似这样无聊的问题，孩子每天都要问成百上千个，走到哪儿就问到哪儿。有时候真怀疑他是故意折磨我的。有些问题我根本不知道该怎么回答，又不能说不知道，真的好烦啊！到底怎么才能让这个整天小嘴闲不住的小家伙安静下来呢?

家长帮话纠结

【好奇心强才会如此】 来自：小萝莉 1楼

恭喜楼主，你家孩子喜欢问为什么，说明他是一个拥有探索精神的人。如果好好培养，这种精神对孩子的学习和生活非常有利。因此，楼主应该感到高兴，而不是厌烦。

这个年龄段的孩子好奇心比较强，但掌握的知识有限，所以才会喜欢问为什么。如果他都知道，就不会问你了。楼主只要多一点耐心就可以了。

【别给孩子留下心理阴影】 来自：赵灵儿 2楼

我家孩子然然什么都好，就是不爱问为什么。后来看了心理医生才知道，原来在孩子第一次问我“为什么”的时候，我因为烦躁，就冲她说了一句：“什么为什么，这么无聊的问题，没时间给你解决。”孩子留下了心理阴影，此后再也没问过我为什么。我现在特别后悔，真希望听到孩子再说一句“为什么”。

所以，不要对孩子的问题不耐烦，更不要为孩子的不问问题而急躁发火。对于孩子这些问题，再多一点耐心。

【妈妈的小妙招】 来自：阳光瑞茜 3楼

应对孩子的十万个为什么，我是这么做的：

（1）多加鼓励、耐心引导。

我家孩子提出问题的时候，我先会表扬孩子的肯动脑筋，然后耐心倾听孩子的问题并作出正确的回答。对于那些无聊的问题，更要有耐心。

（2）引导孩子举一反三。

比如孩子问“狗为什么不穿衣服呢”，在你告诉孩子之后，还要引导孩子联想，比如，还有什么动物不需要穿衣服呢？举一反三，不仅开阔了孩子的思路，又加深了孩子对问题的理解。

（3）小心孩子给你设圈套。

孩子也有小心眼，也会给你设置圈套。比如他会问你“为什么要睡觉？为什么不能多看一会儿电视呢？”对于这种类似询问的问题，你也许会说“因为宝宝不睡觉就会……看电视时间长了会……”然后孩子还会有很多问题等着你。与其这样，不如直接告诉孩子“因为到了上床睡觉的时间了，必须睡觉”。

（4）解疑 + 方法。

对于一些问题，既不能不回答，也不能乱答。比如“麻雀为什么一蹦一蹦的”“我是从哪里来的”“月亮为什么会走”。这时候，可以借助工具书和网络帮助孩子解疑。建议楼主买一本《十万个为什么》丛书，丰富自己的知识，等孩子问的时候，直接告诉他答案，保持了他的好奇心。

【不知道答案怎么办】 来自：vike84 4 楼

楼主在遇到自己回答不上来的问题时，不能含糊其辞，要明确地告诉孩子：“这个问题，妈妈也不知道怎么回答，不如咱们一起去书上查查吧！”如此不仅解答了孩子的问题，也能让孩子对书感兴趣。

当然，还有另外一种方法，就是把问题扔回孩子。比如“妈妈，为什么只有一个月亮啊”“你认为呢？”这种方法不仅可以了解孩子的想法，也可以激发孩子去联想，去思考。

总之，对于孩子的“为什么”要多加鼓励，及时回答，或许会挖掘出一个“神童”。

虽然做一个耐心的妈妈很不容易，但我们都要努力。楼主，加油！

【幼儿园老师的做法】 来自：东 love 容 5 楼

针对孩子的“十万个为什么”，我们幼儿园的老师是这么做的：

（1）不能灌输孩子不正确的观念和思想。

（2）耐心解答孩子的问题，不给出模棱两可的答案，因为那些比较小的孩子不懂得如何思考和联想。

（3）回答孩子问题时，可以引发孩子的创造力和想象力。比如孩子问：“为什么天空要画成蓝色呀?”你可以反问孩子：“那你觉得画成什么颜色好呢?”

（4）在自己情绪不好的时候，要先处理好自己的情绪，之后再和孩子一起讨论。

（5）和孩子一起探索，比如种植花、草、绿豆等，让孩子自己给花浇水、施肥，还要告诉孩子“只有好好吃饭，才会健康长大，不能挑食偏食”。

（6）适时培养孩子的好习惯。比如孩子问：“为什么要把玩具收起来呢?”可以这么回答：“收拾东西爱整洁的孩子才人见人爱。”然后让孩子参与进来，和你一起收拾。

【鼓励孩子】 来自：永无支境 6 楼

其实，孩子问“为什么”是一个特定时期的现象，过了这个时期，孩子就不怎么问了。但是楼主不要觉得庆幸，更不能让孩子自然发展，应该想办法激发孩子多问“为什么”。举个例子：

某一天，你口干舌燥，直咳嗽。抓住时机问孩子：“妈妈为什么会咳嗽呢?”

孩子说：“不知道。”

你要回答：“难道要感冒了吗？感冒了可是很惨的哦，会流鼻涕，头疼。要是能喝一杯水就好多了。因为多喝水能让感冒快点儿好。”

孩子也许会说：“妈妈，等着我去接水。”

你要接着问：“你说冷水好呢，还是热水好呢？”

孩子就会思考：“自己感冒的时候喝的冷水还是热水呢？有什么区别呢？”

这属于间接向孩子传授知识，并且鼓励孩子思考，激发孩子的求知欲。这对孩子今后的学习、观察、实践等多方面都有好处。

专家提示

综上所述，无论孩子问“为什么”的意图是什么，楼主都不应该厌烦。要知道，这是一次最佳的教育机会，方法对，孩子不仅学会了自己思考、联想、创造，还能培养孩子的探索精神。建议楼主这么做：

(1) 鼓励孩子提问。

(2) 尽量及时回答。

(3) 从不同角度回答问题。

(4) 以问代答，启发想象。

(5) 努力说服，消除反抗。

(6) 认真应对，鼓励寻找资料。

(7) 根据认知水平，形象、巧妙地回答。

(8) 巧妙化解难题，引导孩子思考。

(9) 帮助学习常识，提高提问水平。

(10) 耐心解答孩子的问题。

家有“蜡笔小新”该不该戒色
——现在需要让孩子“戒色”吗

【纠结案例】

我的儿子马上3岁了，睡觉的时候必须让我搂着，在我身上摸来摸去，尤其喜欢摸乳房。我告诉他这种行为“很羞”，让别的小朋友看到会笑话他的。想不到他竟然回答：“那我不让别的小朋友看到不就好了。”我心想，孩子可能过了这个时期就好了。可谁知道前几天我们出去逛街的时候，在超市里看到一个阿姨，他上去就摸了人家乳房一下。我忙着向人家道歉，然后教育孩子。

回家把这件事告诉老公，老公说我必须马上改掉孩子的坏毛病，绝对不能让孩子再这么下去了。

晚上睡觉，孩子还想摸我乳房，我不同意，他一着急就哭了。那天晚上谁都没睡好，来回折腾。

到底该怎么办呢？是继续让他摸，然后告诉孩子只能摸妈妈的，不能摸别人的，还是坚决不让他摸呢？要是让他摸，长大后会不会有什么坏影响啊？

家长帮话纠结

【麦爸麦妈的麦芒】 来自：永无支境 1楼

我女儿小时候也喜欢摸我的乳房。因为是女孩，也就没有特殊管教过。孩子这么小，可能只是对妈妈的依恋，根本无须大惊小怪。我有时候还逗她：“你那么喜欢妈妈的乳房啊，馋了吗？想吃奶吗？”女儿回答我说：“没有，我只是觉得妈妈的乳房很好玩儿。”我当时有点儿晕，原来女儿一直把我的乳房当成玩具玩啊！

女儿4岁的时候就不再摸了，因为她的注意力已经转移到玩具上了。所以我建议楼主别制止孩子的“摸奶行为”，等他大一些就好了。

【精神抚慰】 来自：cg2997 2楼

我家孩子也出现过这种情况，心理医生说这只是孩子断奶后的一种精神抚慰。因为断奶方式不正确，孩子产生了焦虑情绪，所以缺乏安全感。虽然这只是孩子的习惯动作，却是一个坏习惯，所以要及时纠正。

平时多给孩子一些关爱，比如多亲亲他、抱抱他，多和孩子聊天、陪孩子玩游戏，尽可能满足孩子对母爱的需求。

另外，还可以采用转移注意力的方法来缓解。比如，当你家孩子试图去摸别人的乳房的时候，可以轻轻握住孩子的手，带他去玩一些小游戏等。

孩子睡觉前其实有很多事情可以做，比如多给孩子讲故事，或者让孩子和其他小朋友一起玩。慢慢地，孩子就会改掉这个习惯了。

【我的育儿妙招】 来自：相思最美 3楼

我家孩子也曾出现过喜欢摸妈妈乳房的习惯，我是这么做的：

（1）摆事实、讲道理。告诉孩子：“你马上3岁了，是××宝宝的小哥哥了，小哥哥就要做个小哥哥样儿，可以一个人睡觉，还会帮妈妈干活儿。长大了还能保护妈妈。”

（2）尽量不让孩子看到你的乳房。当孩子试图把手探到你衣服里的时候，你要想办法转移他的注意力，一开始也许不习惯会哭，但一定要坚持不让他打开你的衣服。拿出他平时爱玩的玩具，等孩子累了，自然睡得着。总是不摸，慢慢就会淡忘的，坏习惯也就改正了。

（3）尽量不要让自己的意图太明显，否则孩子会觉得你这样子很好玩，反而适得其反。

最后，祝福孩子健康快乐。

【告诉孩子一些性知识】 来自：家伟妈　4 楼

其实，孩子每一个动作背后都有产生动机的性心理：这可能是对妈妈的依恋，也可能是随着认知能力的发展产生了对性别特征的初级探索。但是这些动作和“好色”无关，只是孩子的成长过程罢了。所以，不要以成人的标准给孩子贴标签。

可以这么告诉孩子：“乳房是妈妈的私密，也是我的私有物品，就像别的小朋友不能随便玩你的玩具一样，妈妈也不希望你随便摸妈妈的乳房。去摸别人的乳房就更不对了，是对别人的不尊重，别人会以为你没礼貌的。”

孩子还小，不知道什么该做，什么不该做，家长有义务积极制止孩子。如果不制止，孩子会觉得这种行为好玩，导致这种行为程度加深。如果多次制止不改，不妨咨询专家，促进孩子健康成长。

【纠正坏习惯的几条建议】 来自：大山里的鸵鸟　5 楼

孩子这么小，恰是纠正坏习惯的最佳时期，错过了再纠正就很难。楼主可以尝试以下几种方法：

（1）多陪陪孩子。孩子的这种行为是一种渴望母爱的信号。所以，平时多陪陪孩子，和他聊天做朋友，让他感受到你充沛的母爱。

（2）情理说服。邀请好朋友带着孩子到家里玩儿，安排大家一起睡，告诉孩子：“你看弟弟这么小，睡觉的时候都不摸妈妈乳房，你都这么大了，小心弟弟笑话你哦！”

注意：你邀请的朋友家孩子一定不会摸妈妈乳房哦！要不然会起到反效果的。

（3）环境熏陶。睡觉前给孩子放一些舒缓的音乐、看一些适合他看的漫画和图书，带孩子去大自然走走，培养孩了的兴趣，丰富他的内心体验。让孩子在心旷神怡中养成开朗豁达的心胸，转移摸乳房的不良习惯。

【让孩子独立睡】 来自：芊芊大美妞 6楼

我觉得你家孩子的行为属于亲子依恋的后期表现。每个孩子表现形式不同，有的喜欢摸妈妈的头发，有的喜欢摸妈妈的肚皮。这是孩子获得安全感的一种方式。

这时候恰是训练孩子独立意识的最佳时期，可以这么做：

（1）同床不同被。

（2）同房不同床。

（3）分房，门串门。

（4）分房，独立睡。

但是要记得这个过程是循序渐进的，不可操之过急。

及时养成独立睡觉的好习惯，对培养孩子的独立性、自信心有很重要的作用。

专家提示

综上所述，楼主可以这么做：

第一，不可太直接，试着转移孩子的注意力（比如讲故事、玩玩具）。

第二，有时间多陪陪孩子。

第三，情理说服+环境熏陶。

第四，告诉孩子一些性知识，让他知道男女有别。

第五，由爸爸来陪孩子睡觉，让孩子抱着自己最喜欢的毛绒玩具。

第六，适当锻炼孩子的独立性和自信心。

要不要回避那些尴尬问题
——“妈妈，我从哪里来的”

【纠结案例】

我家宝宝在我们吃饭的时候，问了我这样一个问题：“妈妈，我是从哪里来的?”还没等我回答，孩子的奶奶就告诉孩子：“你是捡来的。”孩子接着问：“是咱们楼的那个大垃圾桶吗?”奶奶回答：“是啊，宝宝真聪明。”孩子听了夸奖后就开心吃饭了。

可我觉得，奶奶的做法不是特别正确，因为我是和我老公结婚之后才知道接吻是不能生孩子的。上一代人错误的引导，让我对性有了错误的认识。所以我希望能正确引导孩子，满足孩子的好奇心，这样他才会学到更多的知识。

可是“妈妈，我是从哪里来的”这样的话题毕竟属于敏感话题，我该怎么教育孩子呢？各位家长都是怎么做的呢？

家长帮话纠结

【告诉孩子他是亲生的】 来自：杨澜吴 1楼

楼上的说法是错误的，几乎每个孩子都会问父母这样的问题。孩子问这个问题，说明孩子的大脑发育进入了一个新阶段，他开始对很多事情好奇，所以才会问那样的问题。但是如果跟孩子说“你是我从垃圾桶里捡来的”，肯定会让孩子的心理产生挫折感。等孩子进入青春期就会以为：怪不得你对我不好，因为我是捡来的。

我的做法是，肯定地告诉孩子：“你是爸爸妈妈亲生的。”如果孩子还接着问，就要根据孩子的认知和年龄慢慢去引导了。譬如可以告诉他：“爸爸和妈妈结婚后，爸爸的精子细胞进入妈妈的卵子细胞，然后一结合形成受精卵，这个受精卵就是宝宝。然后宝宝开始在妈妈肚子里吸收营养，慢慢长大。等你想和爸爸妈妈见面的时候，就出来了。”

父母不要因为孩子讨论性，就觉得孩子好色，其实他们只是好奇而已。所以，爸爸妈妈无须为此担心什么，尽量将正确的答案以一种孩子能接受的方式表达出来。

【根据年龄，回答问题】 来自：自信满满的 2楼

在我家孩子4岁之前，我是这么告诉孩子的：

爸爸身上藏着很多类似小蝌蚪的种子。有一天，爸爸把其中一个小种子放进妈妈的肚子里，它和妈妈肚子里的小种子结合在一起，就有了你。然后你就在妈妈的肚子里慢慢长大。等到你长到那个泰迪熊那么大的时候，你觉得妈妈肚子里太黑了，于是想要出来。于是爸爸就带着妈妈到医院，在医生和护士阿姨的帮助下，把你从妈妈的肚子里拿出来了。

对于4岁以上的、具备一定认知能力的孩子来说，我会这么解释：

爸爸的精子和妈妈的卵子结合之后，形成了一个大细胞叫受精卵。然后它开始慢慢分裂，由2个变成4个，由4个变成8个……它们逐渐长大的时候，就叫“胚胎”。胚胎会慢慢长出头、颈、胳膊、腿，形成一个“胎儿”。这个胎儿就是你了。妈妈肚子里有一个专门为胎儿准备的“小房子”，叫子宫，你在那个小房子里住了10个月之后，慢慢长

大了，就被妈妈生了出来。

【情爱和性爱是圣洁的】 来自：温欣欣 3楼

情爱和性爱是圣洁的，正是因为人类懂得相爱，才制造出无数的生命。面对孩子的提问，我们应该光明磊落地回答，并且毫无保留，避免孩子成为“谈性色变”的人。

我老公是奥地利人，去年圣诞节的时候，我们带着孩子回家。半夜里，女儿突然跑到我们房间要求跟我们睡在一起，还问我们：“我会影响你们做爱吗？”

我脸都红了，可女儿却满脸纯真，若无其事。老公示意我直接回答孩子的问题。我就问女儿：“你知道做爱是怎么回事吗？”女儿说：“就是你和爸爸两个人相爱，然后一起做爱就有了我。对吧！”我说：“对。”女儿接着问：“那么怎么做爱呢？真像老师说的那样，精子和卵子相遇的时候，跑得快的就成了一对，成了胚胎吗？”

我回答说是的。然后女儿高高兴兴回自己房间睡觉了。

和女儿的这次谈话让我意识到，只要你内心是洁净的，你对性的考虑就是洁净的，美好的。孩子成长的过程需要认识性，千万不能把孩子对性的好奇当成错误的，甚至当成下流的，更不能谈性色变。

【一张照片就搞定】 来自：中级答读者 4楼

对于这个问题，我怀孕的时候就想好怎么回答了。

在我怀孕的时候，看到孕妇流行拍照，就有点儿心动。还有半个月就到自己的预产期了，心动不如行动，就预约了拍摄时间。拍摄完之后的第二个星期，女儿顺利地来到这个世界。

等到孩子两岁，她问我：“妈妈，我是从哪里来的？”我就拿出怀孕时候照的照片，告诉孩子：“爸爸的精子和妈妈的卵子结合之后慢慢长成了我可爱的女儿。你看妈妈那时候肚子那么大，因为宝宝就住在妈妈的肚子里。肚子里有一个专属于你的小房子，叫子宫。子宫里面有个胎盘有根脐带，就是连着你肚脐眼的带子。宝宝要在妈妈的子宫里面住10个月，等你肚子饿的时候，妈妈会通过胎盘上的脐带把营养传输给你。等你慢慢长大了，就要出来和大家见面了。”女儿听后，笑着对我说：“我是和妈妈玩藏猫猫呢。”

女儿有时候会故意指着我的孕期照片，自问自答。

“这个照片里都有谁啊？”

“有妈妈，还有宝宝。”

楼主如果没有照片，可以从网上下载几张，打印出来，让孩子看看，明确告诉孩子就好了。

【开放性教育优于欺骗】 来自：晓VV 5楼

前段时间参加了一个心理培训，上课时恰巧讲到了如何回答孩子的“妈妈，我是从哪里来的”？讲师跟我们介绍了德国人对孩子的性教育方式。

和我们国内遮遮掩掩的回避方式不同，他们会直言孩子的出生方式。在孩子出生的时候，会给孩子准备一本图册。图中两个男女相爱了，赤身裸体展现在彼此面前，继而接吻，做爱，男士趴在女士身上，进入，射精。然后女士就怀孕了，肚子渐渐大了，男士就陪着女士入院，在医生的帮助下，宝宝露出了小脑袋。

听了讲师几次课之后，我渐渐觉得，德国人的教育方式要比中国好得多。开放优于隐患，优于欺骗。越是隐瞒，孩子越好奇。他小的时候，你可以敷衍几句，等孩子长大了呢，意识到在你这里找不到满意的答案，就会通过图书、碟片等渠道去了解。但是你能保证这些图片、碟片是健康的吗？

当然，对孩子进行开放的性教育，也不是说不管三七二十一，什么东西都灌输给孩子。我的方法是：孩子问什么，我就回答什么，回答的方式是直言不讳。但在这个过程里，要帮孩子树立一个概念：这是成年人之间表达爱的方式，是个人隐私，是夫妻双方的事，要在没有外人的情况下进行。

在幼儿期满足孩子对性的好奇心，有助于孩子今后性心理的发展。对于这样的问题，我们在保护孩子求知欲的情况下，还要避免对孩子的负面影响。切忌敷衍孩子的问题，或转移孩子的注意力，这都不能解决问题。

【先让孩子学会保护自己】 来自：小草无心 6楼

当你的孩子问你这个问题的时候，说明你有必要开始性教育了。但是我们毕竟和德国的教育水平不同，不可操之过急。对学龄前儿童性教育有必要，但不能太直接。毕竟孩子这么小，理解能力有限，身心也比较脆弱。这时候最主要的是进行性安全教育，预防孩子被侵害，要让孩子做好自我保护意识。

专家提示

楼主在遇到这个问题时，可以这么做：

(1) 告诉孩子是自己亲生的。

(2) 灌输孩子性知识，让他知道自己是谁，怎么来的。教育孩子爱惜身体、珍惜生命。但是不能说得太直白，毕竟中国和国外的教育水平不同，拿来主义不太适合。因为儿童性教育≠性爱教育。

(3) 尽量说得生动一些，将科学蕴涵在故事中，潜移默化进行一场启蒙性教育。

(4) 对孩子进行性安全教育，告诉孩子男女有别，预防孩子被侵害。

应不应该捂住孩子的眼睛
——电视里的成人镜头会教坏孩子吗

【纠结案例】

周末，我和老公、儿子一起坐在沙发上看电影《变形金刚2》，当看到男女主角接吻的时候，儿子马上用手把眼睛捂住了。还念叨着："这个不能看，不能看。"可笑坏我和老公了。

过了一会儿，再看到接吻的镜头时，儿子马上又捂住了眼睛。老公取笑儿子说："你是不是想偷看啊！"然后老公用自己的大手捂住了孩子的眼睛。这下孩子不乐意了，反驳了一句："为什么不让我看呢？我真的很想看。"原来孩子拿手捂眼睛，眼睛却从指缝间偷偷往外看呢！老公说了一句："小孩子不可以看，等你长大了，随便你怎么看。"

这件事让我们很犯难，因为儿子开始对这方面的事好奇了。可是我们不免有些担心，现在电视里的接吻镜头太多，哪能遮掩得过来？所以，来问问大家的意见，这样的镜头该不该让孩子看呢？我家孩子6岁了，可以让他看吗？该怎么向他解释"接吻"呢！

家长帮话纠结

【顺其自然】 来自：笑嘻嘻Q 1楼

我小时候，遇到这种问题，爸妈不是换频道就是选择把我支开。可爸妈越是这样，我就越想看。如今轮到我教育孩子了，不能重复我爸妈的错误。面对接吻等成人镜头，我的态度是保持平静，顺其自然。等孩子大一些，我还会利用这些亲热镜头对孩子进行性教育。

【等孩子大一些再让孩子看】 来自：无锡贝贝 2楼

有一天，我和先生在卧室看电视，6岁的儿子突然闯进来，正好看到电视里的成人镜头。孩子就问我：“妈妈，电视里的叔叔阿姨在干什么?”我听得一身冷汗，急忙转台了。想不到儿子突然跳到我的怀里，把脸凑到我脸上，靠近我的嘴巴。老公及时制止了，问他：“儿子，你在干吗?”儿子说：“我在学电视里的那个叔叔，亲妈妈的嘴巴。”我当时不知道怎么回答，儿子还问我：“妈妈不是说只能亲脸，嘴巴有细菌，不能亲吗？电视里的叔叔阿姨怎么亲嘴巴啊?”我脱口而出一句：“大人有抵抗力，等你长大了，就可以亲你老婆的嘴巴了。”孩子点点头，再也没有问过。

对于接吻的问题，我觉得还是等大一些再好好跟孩子解释，如果现在解释了，他到幼儿园里亲别的小朋友怎么办?

【引导、疏通最重要】 来自：咖啡龙 3楼

就像楼主说的，只要打开电视就难免会有成人镜头，所以挡是挡不住的，我们要做的就是疏导、引导，让孩子正确面对。

当孩子问叔叔阿姨在干什么的时候，你应该平静地告诉孩子：“他们是在接吻。”看完再结合几个接吻的故事告诉孩子，亲吻是人与人交流情感的一种形式，就像小朋友见面问好、握手一样，一点儿都不神

秘。再告诉孩子亲吻的不同意义。比如：

（1）吻手。美国人的礼节，一般情况下，女孩子要摘下手套，把自己的右手递给对方，这是礼貌的表现。

（2）额吻。妈妈跟孩子说“晚安”的时候，会在额头亲一下。法国人见面礼也是额吻。

（3）吻顶。每年的春秋季节，都会有一批德、法、荷兰人剃成光头，聚集于比利时里兹镇桑朗村一个被命名为“世界光头中心”的地方，见面就互相猛吻对方的秃顶。讲到这里，可以结合周围一些秃顶的人，跟孩子开个玩笑，让知识充满乐趣。

（4）亲密吻。就是表达喜欢的一种方式，就像爸爸喜欢妈妈，妈妈喜欢宝宝一样。

【别误导孩子】 来自：戒子妈 4 楼

孩子第一次看到接吻镜头的时候，我告诉孩子就像鸟妈妈喂小鸟，叔叔是在给阿姨喂吃的。第二次出现的时候，我就让儿子去倒水。没多久，又出现了接吻的画面，我又让儿子去倒水。儿子问了一个相当搞笑的问题：“妈妈，为什么叔叔喂阿姨吃的，你就口渴啊？”差点儿笑喷了我！恰是这一次，才让我意识到不能回避，应该让孩子了解事实。当孩子看到成人镜头的时候，家长可以视而不见。但是如果孩子好奇来问，一定要说出事实，让孩子知道人类是有爱情的，叔叔阿姨接吻是情感的交流，能给爱的人带来幸福的感觉。

【有选择性地看电视】 来自：清水 fay 5 楼

分享一下我家对待这个问题的态度。

儿子第一次看到美国小夫妻接吻画面的时候，就问我：“爸爸，那两人为什么打架啊？还咬得那么狠。”我正面告诉孩子：“他们不是在咬人，这是一种亲昵的行动。”儿子说：“看来中国人和外国人亲昵的方式不一样。”我笑着回答：“是的。”说实话，我真不知道该怎么解释“咬人”的激情，毕竟在孩子眼里那是打架行为，不是亲昵。为了不让孩子纯净的心灵被少儿不宜的画面带“坏”，我让孩子有选择性地看电视，或者为孩子买一些国内外的经典、优秀、健康的电影盘。

专家提示

对于楼主让孩子捂住眼睛的方法，只会加重孩子的好奇心理。为了避免孩子因为好奇犯错，甚至犯罪，家长最好做好对孩子的“成人”教育问题。最好选择坦然面对，或者引导、疏通。只有这样，才能既让孩子学到了知识，又让孩子更健康、快乐。

误会了孩子要不要道歉
——道歉就会失去威信吗

【纠结案例】

前不久，一个朋友邀请我和孩子到她家里去玩儿。车快到楼下的时候，我就催促让儿子快点儿，可儿子却依旧专心致志地玩自己的玩具车。我一催再催，儿子依旧不肯放下手中的玩具车。看孩子这么固执，我就有点儿火了，孩子一直都有拖拖拉拉的毛病，大声斥责了孩子。儿子一边哭一边说："妈妈你错怪我了，我是打算把这个玩具车带到阿姨家里玩儿的。上次我去阿姨家的时候，就答应了芳芳（朋友的女儿）要给她带玩具。"原来是这样，我为自己不分青红皂白地冤枉孩子感到内疚。但是对孩子说"对不起"又说不出口。就在这时候，孩子说了一句："妈妈，你应该向我道歉。如果不向我道歉，以后我犯了错也不向你道歉。"我一下子就懵了。

请问，我该向儿子道歉吗？道歉后会不会损害我在孩子面前的威信呢？

家长帮话纠结

【人非圣贤，孰能无过】 来自：健康屁屁 1楼

首先，这件事要是发生在我身上，我一定毫不犹豫地向孩子道歉，对孩子说一声：“儿子，对不起，妈妈错怪你了。”这时候孩子一定会说：“没关系，下次别乱发脾气就好了。”如此楼主和孩子之间才会其乐融融、关系更加亲密。让孩子开心、快乐是我们当父母应该学习的基本功课。

其次，不要觉得向孩子道歉会丧失“威信”，孩子会觉得你软弱，导致不尊重你了。正好相反，道歉才是最正确的方法。因为我们平时教育孩子知错能改、勇于承认错误。可是当我们做错的时候，却从来不承认。硬要孩子道歉，这对孩子来说是不公平的。想要孩子“敢于认错”，先严格要求自己。

最后，你比孩子懂事，不要让孩子教育你。当你意识到自己的错误时，一定要及时道歉，不能采取“拖沓、回避、视而不见”的态度。小心孩子依葫芦画瓢，有样儿学样儿。

【小事也能影响孩子心灵】 来自：瑞瑞妈妈 2楼

我也曾错怪过女儿，事情的经过是这样的：

有一天我下班回家的时候，发现书橱被倒腾得乱糟糟的，地上到处都是书，女儿正坐在地上翻书。我很生气，以为是女儿干的，对着孩子一顿训斥。女儿十分生气，死活不承认是她弄的。我更火气大了，对她说：“做错了事情，还不肯承认!”然后命令她在半小时内把书捡起来。女儿很委屈，一边哭一边收拾书。

半个小时后，老公从外边风风火火地赶回来了，才知道是他翻的书，我误会了女儿。赶紧去看女儿，当时她还在那儿收拾，但是很明显不愿意答理我。我忙说：“宝贝女儿，妈妈错怪你了，书是你爸爸弄的。

因为我进来的时候只有你在房间，就以为是你干的。”女儿生气地对我说：“那你刚才为什么不听我解释呢？”我一时语塞，心里很矛盾，我需要正面道歉吗？道完歉我在孩子心中的地位是不是不保了，以后我说的话她还会听吗？可是一想身为家长，不仅要言传，更要身教。平时教育女儿要勇于认错、改错，可到我自己这儿，不这么做，这不是矛盾吗？孩子肯定会觉得不公平。

大概作了两分钟的思想斗争之后，我鼓足勇气对孩子说：“宝贝，对不起，妈妈在不了解的情况下批评你是不对的。在你解释的时候，我应该好好听着，妈妈保证下次不会了。请你原谅妈妈吧！”女儿听完后笑了。

后来孩子老师让小朋友们讲讲自己的妈妈。女儿曾这么说：“我有个好妈妈，她知道自己错了之后，就赶紧认错、道歉、改正。我应该向她学习。”

不要觉得事情小，有时候就是小事影响着孩子的心灵。所以楼主应该勇于向孩子认错，不要觉得没面子，要知道你的认错换来的是孩子对做错事的正确认知。

【需要向孩子道歉的理由】 来自：变色咖啡 3楼

当你错怪了孩子之后，应该向孩子道歉，理由如下：

（1）让亲子关系更密切。你向孩子道歉，孩子会想要和你做朋友，因为你成了她学习的榜样。相反的不道歉，孩子会怨恨你。

（2）家长向孩子道歉后，孩子会感觉自己受到尊重，这有利于孩子自主人格的发展。

（3）向孩子道歉会让孩子意识到自己是一个独立的个体，有利于独立意识的培养。

（4）道歉，让孩子更诚实。如果家长为了维护自己的面子，不向孩子道歉，孩子不愿意再相信家长，不敢对家长说真话。这样下去，不但会使孩子学会推诿责任和逃避现实，而且会使孩子性格懦弱，无疑会更加伤害孩子的心灵和自尊。

【孩子同样需要尊重】 来自：tiffany 的戒指 4 楼

孩子也是一个人，也有自己的思想，同样需要尊重。一个勇于承认错误的家长更受孩子欢迎和信任。同时在你尊重孩子的同时，孩子也会学会尊重他人。

向孩子道歉，不仅是尊重孩子，也是尊重自己。其实小孩子比我们大人大度得多，一句简单的“对不起”就能获得他们的原谅。如果说“对不起”不起作用，说明家长做得实在太过分了，孩子还是感到委屈。这时候要想想其他道歉的方法，比如写信。

家长只有放下家长的架子，坦诚向孩子道歉，才有助于和孩子沟通，同时也为孩子树立一个对自己的言行负责、知错就改的榜样。既让孩子对父母尊重，又培养了他们正直诚实的品德。

【什么情况下要向孩子道歉】 来自：枭首 5 楼

平时生活中，家长因为不了解孩子，总会闹点儿小矛盾，但生活中的一些问题总会被我们忽略。所以，楼主在有以下几种情况的时候，一定要向孩子道歉。

第一，错怪孩子的时候，就像楼主家中的情况。

第二，失信于孩子的时候。

生活中，很多家长喜欢向孩子许诺，可是又常常忘记，或者因为有别的事情实现不了。这时候应该向孩子道歉。不道歉，孩子会以为你言而无信，以后不再相信你。

原本答应孩子晚上回家吃饭，可因为工作忙，忘记了这件事。回家后，一定先安慰孩子，抱着孩子，对他说：“对不起，爸爸很想陪你吃饭的。可是工作很忙，我也很难过。等忙完了这几天，我一定陪你吃晚饭。”孩子一定会原谅你的。

答应孩子的事情，尽量做到。

第三，家长吵架无心伤害到孩子的时候。

有时候家长吵架会波及孩子，比如当你伤心的时候，孩子却要求你陪他出去玩，也许你会因为心情不好拒绝孩子。孩子不知道成人的世界到底发生了什么，只知道你拒绝了他，会让他感觉你不再爱他了。一旦有反常举动，家长一定及时站出来对孩子说：“对不起，今天妈妈和爸爸吵架，是不是吓到你了。妈妈以后向你保证，再也不吵架了。”当然还要为你冷落孩子向孩子道歉，可以说：“妈妈当时心情不好，不该不理你的，以后再也不会了。”

圣人都会犯错，更何况我们普通人。当自己误解孩子、失信于孩子、无心伤害到孩子的时候，我们都要及时向孩子道歉，恰应了那句“知错能改，善莫大焉”。

【多点耐心】 来自：米兰梦 6楼

楼主之所以会错怪孩子，根本原因是你不够耐心，主观地把孩子的用意往坏处想。当发现孩子“犯错”的时候，家长要做的不是斥责，而是应该平静下来，耐心地问孩子到底为什么要这么做？是不是孩子做的？在了解了孩子的真实用意之后，再考虑要不要责骂或者惩罚孩子。

如果误会无法避免地产生了，家长除了要向孩子道歉之外，还应该分析孩子的行为。告诉他正确的做法，避免造成不好的后果。

【向孩子道歉的技巧】 来自：小红梅 7楼

在我们向孩子道歉的时候，孩子也会模仿我们的道歉方式。所以，道歉也需要掌握一定的技巧，让孩子潜移默化学会道歉。

(1) 最好在意识到自己的错误10分钟之后再道歉，孩子也会平静许多，不再那么生气。但最长不应该超过两天时间。

（2）实事求是、态度真诚。不能夸大自己的错误，取悦孩子，也不能轻描淡写，敷衍了事。

（3）道歉内容要明确。让孩子知道自己是为什么向他道歉，做错了哪件事，说错了哪句话。否则，孩子不明所以，起不到应有的作用。

专家提示

综上所述，楼主大可不必担心向孩子道歉会损害你的威信。恰巧相反，因为你的道歉，孩子才更尊重你，他会觉得这是你爱他的表现、责任心的表现。不仅如此，向孩子道歉，还有很多好处，比如让亲子关系更亲密、有利于孩子自主人格的发展、有利于独立意识的培养、让孩子更诚实等。

但是，想要避免错误的发生，楼主应该多一些耐心、多一些冷静，好好分析孩子到底为什么那么做？是不是孩子做的？